मोहनदास नैमिशराय

मोहनदास नैमिशराय का जन्म 5 सितम्बर, 1949 को मेरठ, उत्तर प्रदेश में हुआ। पाँच वर्ष तक डॉ. आंबेडकर प्रतिष्ठान, भारत सरकार, नई दिल्ली में सम्पादक एवं मुख्य सम्पादक रहे। महात्मा गांधी अन्तरराष्ट्रीय हिन्दी विश्वविद्यालय, वर्धा एवं अन्य विश्वविद्यालयों में विज़िटिंग प्रोफ़ेसर रहे। भारतीय उच्च अध्ययन संस्थान, शिमला में अध्येता (2007-2009) के रूप में 'मराठी और हिन्दी दलित नाटक' पर शोध।

उनकी प्रमुख कृतियाँ हैं—'क्या मुझे ख़रीदोगे', 'मुक्तिपर्व', 'वीरांगना झलकारी बाई', 'ज़ख़्म हमारे', 'महानायक बाबा साहेब डॉ. आंबेडकर', 'आज बाजार बन्द है', 'गया में एक अदद दलित' (उपन्यास); 'आवाज़ें', 'हमारा जवाब', 'बीस दिनों की जन्नत', 'खिड़की' (कहानी-संग्रह); 'सफ़दर एक बयान', 'आग और आन्दोलन' (कविता-संग्रह); 'अपने-अपने पिंजरे' (2 भागों में), 'रंग कितने मेरे संग' (आत्मकथा, तीसरा भाग); 'अदालतनामा', 'हैलो कॉमरेड' (नाटक); 'भारतरत्न डॉ. भीमराव आंबेडकर', 'आत्मदाह संस्कृति : उद्भव और विकास', 'उजाले की ओर बढ़ते क़दम', 'स्वतंत्रता संग्राम के दलित क्रान्तिकारी', 'भारतीय दलित आन्दोलन का इतिहास' (चार भागों में), 'पेरियार : जीवन और संघर्ष', 'एक सौ दलित आत्मकथाएँ : इतिहास एवं विश्लेषण', 'हिन्दी दलित रंगमंच की दस्तक' (शोध व विमर्श); 'हिन्दुत्व का दर्शन', 'डॉ. आंबेडकर और कश्मीर समस्या', 'भारत के अग्रणी समाज सुधारक' (अनुवाद); 'दलित उत्पीड़न विशेषांक', 'हिन्दी दलित साहित्य का इतिहास' (सम्पादन) आदि।

'कर्ज' कहानी और 'वीरांगना झलकारी बाई' उपन्यास पर डाक्यूमेंट्री फिल्में बनी हैं। 'अपना गाँव' कहानी और 'आज बाज़ार बन्द है' उपन्यास का नाट्य रूपान्तरण। इसके अलावा खुद मोहनदास नैमिशराय पर लगभग बीस डाक्यूमेंट्री फिल्में बच चुकी हैं।

उन्हें 'डॉ. आंबेडकर स्मृति पुरस्कार', 'वाणिज्य हिन्दी ग्रन्थ पुरस्कार', कनाडा, 'डॉ. आंबेडकर राष्ट्रीय पुरस्कार', 'डॉ. आंबेडकर इंटरनेशनल मिशन पुरस्कार', 'गणेश शंकर विद्यार्थी पुरस्कार', 'साहित्य भूषण सम्मान' समेत कई अन्य पुरस्कारों से सम्मानित किया जा चुका है।

सम्प्रति : हिन्दी मासिक 'बयान' पत्रिका का सम्पादन।

निवास : बी.जी. 5ए/30-बी., पश्चिम विहार, नई दिल्ली-110 063

ई-मेल : namishray@hotmail.com

वीरांगना झलकारी बाई

मोहनदास नैमिशराय

राधाकृष्ण पेपरबैक्स

पहला पुस्तकालय संस्करण
राधाकृष्ण प्रकाशन प्राइवेट लिमिटेड द्वारा
2003 में प्रकाशित

राधाकृष्ण पेपरबैक्स में
पहला संस्करण : 2005
छठा संस्करण : 2025

राधाकृष्ण पेपरबैक्स : उत्कृष्ट साहित्य के जनसुलभ संस्करण

राधाकृष्ण प्रकाशन प्राइवेट लिमिटेड
जी-17, जगतपुरी, दिल्ली-110 051
द्वारा प्रकाशित

शाखाएँ : अशोक राजपथ, साइंस कॉलेज के सामने, पटना-800 006
पहली मंजिल, दरबारी बिल्डिंग, महात्मा गांधी मार्ग, प्रयागराज-211 001
1, अनमोल सोराबजी सन्तुक लेन, धोबी तलाव, मरीन लाइंस, मुम्बई-400 002
वेबसाइट : www.radhakrishnaprakashan.com
ई-मेल : info@radhakrishnaprakashan.com

बी.के. ऑफसेट
नवीन शाहदरा, दिल्ली-110 032
द्वारा मुद्रित

मूल्य : ₹199

VEERANGANA JHALKARI BAI
by Mohandas Naimishray

ISBN : 978-81-8361-014-8

न धर्म रक्षा और न जाति रक्षा, झलकारी ने चूड़ियाँ पहनना छोड़ देश-रक्षा के लिए बन्दूक हाथ में ले ली थी। उसे न महल चाहिए थे, न कीमती जेवर और न रेशमी कपड़े और न दुशाले। वह न तो रानी थी और न ही पटरानी। वह किसी सामन्त की बेटी भी नहीं थी तथा किसी जागीरदार की पत्नी भी नहीं। वह तो गाँव भोजला के एक साधारण कोरी परिवार में पैदा हुई थी और पूरन को ब्याही गई थी। पिता भी आम परिवार से थे और पति भी, लेकिन देश और समाज के प्रति प्रेम और बलिदान ने उन्होंने इतिहास में खास जगह बनाई थी। दुःखद बात यह कि जाति विशेष के चश्माधारी इतिहासकारों, साहित्यकारों और पत्रकारों में से किसी ने भी दलित समाज की उस वीरांगना झलकारी बाई की खबर नहीं ली थी। भला हो स्वयं उन दलित और पिछड़े समाज के लेखक, पत्रकार तथा नाट्यकारों का, जिन्होंने छोटी-छोटी पुस्तकें लिखकर इतिहास के उन महत्त्वपूर्ण तथ्यों को उजाले में लाने का प्रयास किया, जो बरसों से अँधेरे में पड़े थे। वही पुस्तिकाएँ तथा लेख मेरे लिए ऐतिहासिक दस्तावेज साबित हुए। जिनसे इस उपन्यास का कथानक रचने-बुनने में मुझे मदद मिली। इसी सम्बन्ध में मैंने गाँव भोजला तथा झाँसी में झलकारी बाई की ससुराल जाकर भी बात की। झाँसी के किले के भीतर कई बार गया। महल देखे, उनमें रची-बसी शेष रही संस्कृति तथा परम्पराओं को नजदीक से जाना। झाँसी की गलियाँ, बाजारों, ऐतिहासिक दरवाजों, बुर्जियों के भीतर बाहर के परिवेश में अतीत की गूँज सुनी। मुझे उम्मीद है कि इस पुस्तक के माध्यम से दलित और पिछड़े समाज के गौरवशाली इतिहास के भीतर छुपी हुई कई महत्त्वपूर्ण बातें सामने आएँगी। जिनसे सवर्णों के अधिकांश लेखक, पत्रकारों, समीक्षकों के साथ इतिहासकारों को जहाँ सबक मिलेगा वहीं दलितों की नई पीढ़ी को प्रेरणा भी मिलेगी, इसलिए कि वे अपने नायकों से रू-ब-रू हो सकेंगे।

उपन्यास लेखन के दौरान झाँसी में रह रहे बहुत-से साथियों ने मुझे सहयोग दिया, उनमें विशेष हैं डॉ. शुभेश, प्रधानाचार्य, फाइन आर्ट्स कॉलेज, झाँसी, सत्येन्द्र सिंह, हिंदी अधिकारी, झाँसी मंडल रेलवे।

अक्टूबर, 2002

—मोहनदास नैमिशराय

झाँसी से चार कोस की दूरी पर भोजला गाँव। गाँव बड़ा न था, पर उसके भीतर एक बड़ा इतिहास पल रहा था। वह इतिहास था क्रान्ति और संघर्ष का। छल और प्रपंच से जीते गए प्रदेशों, रियासतों तथा रजवाड़ों में ब्रिटिश साम्राज्य का बुलडोजर गाँव-गाँव और नगर-नगर आगे ही बढ़ता जा रहा था। झाँसी में भी उसकी दस्तक हो चुकी थी, पर दहल अभी होनी शेष थी। झाँसी के रणबाँकुरों के सीनों में अंग्रेजों के खिलाफ आग ही आग थी। उसी आग के भीतर एक और आग धधक रही थी। चिनगारियाँ इधर-उधर छिटक रही थीं। बुन्देलखंड की जमीन के कतरे-कतरे में कसक थी। छोटी-छोटी रियासतों तथा जागीरों के घाव रिस रहे थे। उन घावों में असीम पीड़ा थी। उनमें उन्माद था और प्रमाद भी। रियासतदारों और जागीरदारों की तलवारें अभी जंग नहीं खाई थीं। खूब चमकती-दमकती थीं पर आपस में ही टकराती थीं। झाँसी के भीतर तथा बाहर एक जैसी स्थिति थी। वहाँ बहुत कुछ पल रहा था, बीत रहा था। सूरज के उगने और अस्त होने जैसी नियति इतिहास की नहीं थी। वह करवटें ले रहा था। उसके भीतर बवंडर था। आदमी सोया नहीं था। जमीन तप रही थी। टोरियाँ और नदियाँ मौन न थीं। उनका लिबास बदल रहा था। नदियों में पानी कम खून अधिक बह रहा था। जंगल और वन कट रहे थे। राजनीतिक मौसम बदल रहा था और तूफान के आने का शोर चारों तरफ बढ़ रहा था।

भोजला गाँव के भीतर भी बहुत कुछ रच-बस रहा था। गाँव में स्कूल न था, मन्दिर था। पर लोगों के बीच जानने-समझने की धार तेज थी। उस समय पाठ्यक्रम की शायद ही कोई किताब उत्तरी भारत में छपी होगी। स्कूलों का स्वरूप भी वैसा नहीं था। शिक्षक और शिक्षा का स्वभाव अलग था। धर्म में प्रयोग और विश्लेषण की नवीन प्रक्रिया आरम्भ हो चुकी थी। धर्म ही शिक्षा था और शिक्षा ही धर्म थी। दोनों एक दूसरे के पूरक थे। गाँव के आसपास सब कुछ वैसा ही था। जमीन से मिट्टी उड़ती तो वैसी ही, पर रंग लाल था उसका। गाँव का आकाश भी नीला ही था। सड़कें पक्की न थीं। कच्चे रास्ते गर्द-गुबार से भरे रहते थे। खेत थे, नाले थे, पथरीले रास्ते थे और उनके आसपास थी बुन्देलखंडी अस्मिता और पहचान। जिसकी रौनक अभी भी लोगों के चेहरों पर बरकरार थी। उनकी भाषा में मिठास और सहजता थी, पर मिजाज में गर्मी थी, आक्रोश था और जमीन-आकाश को एक कर देने की बुलन्दगी थी। इसलिए उस लाल मिट्टी

का अपना एक गौरवपूर्ण इतिहास था। तत्कालीन शासन और सत्ता ने जिसे और भी प्रभावशाली बना दिया था।

राजा की तुलना उन दिनों भगवान से की जाती थी। जमीन पर वह उसका प्रतिनिधि था। वैसे अंग्रेजों के बारे में कुछ लोगों की अलग राय थी। वे ब्रिटिश हुक्मरानों को स्वर्ग से आए भगवान के प्रतिनिधि समझते थे। आम आदमी की न दरबार में पहुँच थी और न ही अंग्रेजों की कोठियों और बँगलों में। पर उसे राजा और अंग्रेजीं शासकों दोनों से न्याय की उम्मीद होती थी। राजा न्याय करे या अन्याय, जनता-जनार्दन की उस पर आस्था थी। राजा और प्रजा के रिश्ते परम्पराओं और संस्कारों ने अटूट बना दिए थे। उन रिश्तों के बीच अजीब-सी गन्ध होती थी। दोनों को एक-दूसरे से लगाव भी होता था, पर अलग-अलग तरह का।

समय तेजी के साथ बदल रहा था, जैसे तेज गति से दौड़नेवाले रथ पर सवार हो वह। जमीन-आकाश एक करने को आतुर, चाबुक लगनेवाले घोड़े-से बिदकने जैसा। लम्बी-लम्बी छलाँग लगाते हुए समय बढ़ रहा था। समय के भीतर और बाहर सब कुछ बदल रहा था। शहर से गाँव जुड़ने को लालायित थे। गाड़ी भर-भरकर गाँव से शहर की ओर सामान ढोए जा रहे थे। वह युग विस्तार का था। व्यवसाय और उद्योगों के स्वभाव बदल रहे थे। गाँव-शहर सब तरफ बाजार पसर रहे थे। लोगों के खान-पान के तौर-तरीकों में बदलाव आ रहे थे।

ग्वालियर रोड से भोजला गाँव नजदीक था। खेतों में हरी-भरी चने की फसल लहरा रही थी। चारों तरफ रंग-बिरंगे फूल खिले हुए थे। प्रकृति अपने अनोखे श्रृंगार में थी। उन्हीं की अनुपम छटा निहारते हुए राहगीर सड़क से उतरकर छोटे रास्ते पर आ गया था। दिन का समय था। चारों तरफ धूप फैली थी। गाँव की विराट संस्कृति का अनूठा सौन्दर्य अपनी अस्मिता और पहचान के साथ सर्वत्र दिखाई देता था। अगल-बगल से गुजरते हुए लोग। उनके अलग-अलग सम्बोधन। पर उन सम्बोधनों में खुशबू एक जैसी ही थी। उनके स्वर में रिश्तों की गर्माहट थी। राहगीर कुछ के लिए अपना था और अन्य के लिए पराया, पर अजनबी नहीं था। जमीन की गन्ध जितना बाहर थी उतनी ही उसके भीतर भी। खेत पार कर अचानक राहगीर की निगाहें छः-सात वर्षीया एक लड़की की ओर उठ गईं। उसका रंग थोड़ा साँवला था। आँखों में ढेर सारी चमक, बिखरे बाल। राहगीर ने पलभर सोचा। उसे ध्यान आया। पहले इस लड़की को कहीं देखा है। वह व्यक्ति गाँव में दो-तीन बार पहले भी आ चुका था। उसी व्यक्ति ने मन में सोचा। कहीं यह सदोवा की मोड़ी* तो नहीं है। राहगीर पास आया, तो पूछ बैठा वह, "बिन्नू का कर रई ?"

मिट्टी के ढेर पर बैठी लड़की के कानों में अनजाने व्यक्ति की आवाज पड़ी तो चौंक-सी उठी वह। उसने देखा अधेड़ उम्र का एक आदमी उसके पास आकर ठहर

---

* लड़की

गया था। उसके होंठों पर हल्की मूँछें थीं। सिर पर सफेदी बिखरी हुई थी। शरीर पर मटमैला कुर्ता और धोती, पाँव में साधारण जूतियाँ, जो धूल-मिट्टी से अटी हुई थीं। लगता था जैसे वह काफी दूर से पैदल चलकर आया हो। बिना किसी हिचकिचाहट के तपाक से उसने कहा था, "किलौ बनाई रई हूँ।"

पूछने वाले के मुँह से आश्चर्य से निकला, "क्या ?"

झलकारी फिर बोली, "किलौ, तोय सुनाई नई दैरयौ।"

उसके स्वर में थोड़ी तुर्शी थी। सुनने वाले को बुरा लगा। थोड़ा नाराजगी के स्वर में बोला वह, "बिन्नू तैं तो भौतई खुन्नस खा रई। य्य तो बतला, कौन की मोड़ी है, तू ?"

झलकारी इस बार धीरे से बोली, "सदोवा मूलचन्द की।"

सुनकर आगन्तुक जाने के लिए अभी पीछे मुड़ा ही था कि वह पूछ बैठी, "हमाय बारे में तो पूछ लयो अपने बारे में नई बताओ कछु।"

जाते-जाते मंद-मंद मुस्कुराते हुए कहा था राहगीर ने, "तेय बाबा को बताँव।"

उसे घर की ओर जाते देख मन ही मन बुदबुदायी थी झलकारी, "बाबा को बताँव।"

आसपास कोई न था। ढलान के उस पार थी तो केवल एक गाय जो खेत में चर रही थी। मिट्टी के टीले पर वह अकेली थी। थोड़ी चुप्पी के बाद फिर उसने अपने-आप से कहा, "ऐसो कौन आदमी है, जो मोए नई बताँव।"

मन में उभरा सवाल भला कहाँ चैन लेने देता झलकारी को। जिज्ञासावश उसने गरदन घुमाकर फिर देखा। राहगीर उसके घर की तरफ ही जा रहा था। उसके भीतर हुड़क-सी उठी। कौन आदमी हो सकता है यह ? उसके भीतर बार-बार जिज्ञासा उभर रही थी।

"सहर से आया होगा...।" पर तभी स्वयं का जवाब आया था, "सहरी मानस तो नइ लगता।"

"फिर ?"

उसके भीतर से पुनः सवाल उभरा, "हो सकत माँ के गाँव से हो।" सवाल के बाद स्वयं ने जवाब भी दिया था, "पर माँ के गाँव से काय आया होगा ? गाँव से तो मामा आते हैं।"

अपने ही सवाल-जवाबों की कशमकश में थी वह। आगन्तुक ने बीच में आकर एक भोली-भाली लड़की को अजीब-सी मुश्किल में डाल दिया था। उसके भीतर से कभी सवाल उभरते तो कभी जवाब आते। वह असमंजस में थी। बिन बुलाए आई इसी मुश्किल से पीछा छुड़ाते हुए अन्ततः वह बुदबुदा उठी थी, "होंगे कोई, गाँव में कितने आदमी आते-जाते हैं। हमें क्या।"

तभी उसके बाल-सखा चन्ना और रमची ने दूर से देखा। मिट्टी के ढेर पर बैठी झलकारी

कुछ बना रही थी। पास आते ही वे पूछ बैठे, "किलौ जैसो का बना रई हो बहना ?" उनकी तरफ देखकर जवाब दिया था झलकारी ने, "किलौ जैसो कछु नई याँ, पर किलो ऐन है।"

इस बार चन्ना-रमची दोनों का संयुक्त स्वर उभरा था, "किलो !"

बिना किसी विलम्ब के बोली थी वह, "कै दयी किलौ...किलौ...किलौ। कछु और जानबी ?"

बाल सुलभ मन से पूछा था फिर उन्होंने, "पर की किलौ।"

इस बार भी तुरन्त उत्तर दिया था झलकारी ने, "हमाओ किलौ ?"

उसका जवाब सुनकर आश्चर्य में उभरे थे चन्ना-रमची के स्वर "तुमाओ किलौ ?"

दूसरी ओर झलकारी के स्वर में विश्वास उभरा था, "हाँ हाँ, हमाओ किलौ, हमाओ किलौ हुई नई सकत, हम किलौ में नई रह सकत ?"

इस पर उनका दो-टूक जवाब था, "नई।"

तभी झलकारी ने प्रतिवाद में कहा था, "काय ?"

उसके प्रतिवाद पर दोनों पहले हँसे। काफी देर तक वे हो-हो कर हँसते रहे। एक ओर वे हँस रहे थे तो दूसरी तरफ झलकारी उन दोनों की ओर अजीब-सी नजरों से देख रही थी। उसकी आँखों में गुस्सा था। वैसे ही गुस्से से भरा स्वर फूटा था उसके होंठों से, "काए हो-हो कर रये हो बिलात देर से, काय कौ, हम किलौ में नई रह सकत हैं ?" इस बार चन्ना-रमची दोनों ने बुजुर्गों की तरह जवाब दिया था, "तैं इतेक बातउ नइ समझ सकत, हम कौन राजा-महाराजा हम। और किलौ में तो राजा रत्त रानी रउतीं।"

पर झलकारी के स्वर में अभी भी आत्मविश्वास था, "अरे, हम राजा रानी से काय कम हैं।"

दोनों बच्चों ने सुना तो वे उसे और भी चिढ़ाने लगे, "ऊहँ, रानी...।"

झलकारी उठकर उन्हें मारने को दौड़ी। वह चन्ना के पीछे भागी तो रमची उसके बनाए हुए किले की ओर आया। झलकारी ने पीछे मुड़कर देखा और डाँटने के स्वर में बोली, "देख रमची हमाय किलौ को कुछ न हो।"

रमची ने जैसे ही मिट्टी के किले को छूने की कोशिश की, झलकारी ने उसी तरफ झपटते हुए कहा, "ठहर पैले तोय बतलाऊँ।"

उससे बचने के लिए रमची और तेजी से भागा। झलकारी उसकी तरफ भागी तो चन्ना मिट्टी के आधे बने हुए किले की ओर आया। दोनों उसके बनाए हुए किले की ओर बारी-बारी से झपट रहे थे, पर झलकारी ने चन्ना-रमची को किले से अँगुली तक नहीं लगाने दी थी। वह उनकी तरफ दौड़ती-भागती थी। हारकर वे दोनों थक से गए थे, पर झलकारी थकनेवाली नहीं थी। अन्त में वे ही दोनों थककर हाँफते हुए मिट्टी के ढेर पर बैठ गए। किले के पास नहीं, उससे कुछ दूरी पर दोनों बैठे हुए अभी भी हाँफ रहे थे। इसलिए कि वे झलकारी के क्रोध को अच्छी तरह से जानते थे। इधर झलकारी फिर से अधूरे किले को बनाने लगी। उसके माथे पर पसीने की बूँदें चुहचहाई थीं। बीच-बीच

में वह उन्हें कनखियों से देखती भी जाती थी। चन्ना-रमची अभी भी हाँफ रहे थे। इस प्रक्रिया में वे मिट्टी के ढेर पर लेट जाते थे। उन्हें देख मुस्कुराते हुए कहा था झलकारी ने, "कओ मोड़ा थक गए, पर किलौ-सू हात नई लगाने दयौ।"

उसके चेहरे पर विजय का भाव था, जबकि वे दोनों हारे हुए सैनिकों की तरह मौन थे।

थोड़ी देर बाद ही अधेड़ उम्र की एक महिला झलकारी के पास आई। वह उसकी माँ थी। झलकारी को घरौंदे जैसा कुछ बनाते देख ठिठक कर रह गई और बड़े प्यार से पूछा उसने, "का बनाय रई मौड़ी ?"

झलकारी के कुछ कहने से पहले चन्ना-रमची बोल उठे थे, "किलौ बनाय रई है मौड़ी।"

झलकारी ने पहले उन दोनों की ओर देखा। उनकी आँखों में उपहास था और स्वर में व्यंग्य। फिर माँ की तरफ निहारा था उसने। माँ की आँखों में ममता के साथ थोड़ी नाराजगी भी थी। वैसे ही स्वर में वह बोली, "ठीक हैय ठीक हैय, कछु घर का काम भी करौ।" बाल-सुलभ झलकारी बोल उठी, "मताई* नेक काम या किलौ में और रऔ है, पैले वाय तो निबटा लऊँ।"

माँ ने एकटक बेटी के द्वारा बनाए जा रहे मिट्टी के किले जैसे आकार की ओर देखते हुए मुस्कुराते कहा था, "हाँ-हाँ पैले किलोई बना लो।"

इस बार चन्ना ने चुटकी ली, "काकी तुमउ या किलौ में रहि ?"

सुनकर झलकारी ने उन दोनों की तरफ देखा। उसकी आँखों में क्रोध उभर आया था जबकि उन दोनों की आँखों में फिर से शरारत तैरने लगी थी। तभी नजदीक से प्यार-भरा माँ का स्वर उभरा था, "हाँ-हाँ हमाई मौड़ी ने जब किलौ बनाय है तो हम कायसै न रहै बा मैं ?"

इस बार झलकारी को सुनकर अच्छा लगा था। उसके भीतर से प्रफुल्लित स्वर उभरा था, "बाबा कौ भी जयी किले में रखेंगे।"

माँ ने सुना तो उसके भीतर स्नेह उमड़ आया था। फिर बेटी को खुश करने के लिए उसने कहा था, "हाँ हाँ रख लइयौ।"

झलकारी बातें करते हुए किला भी बनाती जाती थी। उसके छोटे-छोटे हाथ किसी राज-मिस्तरी से कम न थे। उसके पास इमारत बनाने की तकनीकी जानकारी भले ही न हो, लेकिन मन में कल्पना से उभरी समझ तो थी ही। किला बनाने की कल्पना और समझ ने उसके नन्हे हाथों में कुशलता भर दी थी। वह मिट्टी की दीवारें खड़ी करती। फिर उन्हें लगन से तराशती। उठी हुई दीवारें हवेली से ठीक तरह से जमाती। नजदीक ही एक गड्ढे में पानी भरा था। कई बार हथेलियों में पानी भरकर लाई थी वह। मिट्टी पर पानी पड़ने से भुरभुरापन कम हो गया था। गीली मिट्टी से दीवारें और बुर्ज सँजोये

---

*माँ।

थे उसने। कोई भी देखता तो यह सब देखते हुए उसमें खो जाता। वैसी ही स्थिति लहकारी की भी थी। उसकी निगाहें कभी झलकारी की ओर उठतीं तो कभी किले जैसी मिट्टी की आकृति की तरफ।

कुछ देर तक माँ वहाँ खड़ी हो तल्लीनता से बेटी को किला बनाते हुए देखती रही। किले की दीवारें, छत, बुर्ज, बड़े-बड़े मेहराब, सीढ़ियाँ और न जाने क्या-क्या थीं। तभी नजदीक आहट हुई। कच्ची सड़क से कोई घुड़सवार झाँसी की ओर चला गया था। उसका ध्यान बँटा। उसे याद हो आया, वह तो झलकारी को बुलाने आई थी। अतः कह उठी वह, "अच्छा चल मेरे साथ, बाद में बनाई लियौ किलौ मोड़ी।"

कंकरा मिट्टी की ऊँची-ऊँची दीवारें खड़ी करते हुए बोल उठी झलकारी, "थोड़ी देर और ठाड़ी रऔ।"

तनिक झुँझलाए स्वर में इस बार कहा था माँ ने, "मैं रुक नई सकत, मैं अबैं चून, दार, नोन, घी लाएँ आउत।'

सुनकर कहा झलकारी ने, "अच्छा मताई।"

माँ बाहर से नाराज जरूर थी, पर उसके भीतर अजीब-सी खुशी थी। होंठों पर तनिक मुस्कुराहट लाते हुए बोली थी वह, "जल्दी घर अइयो।"

जवाब दिया था उसने, "हऔ मताई।"

सुनकर वह चली गई थी।

माँ घर के लिए सौदा-सुलफ में फँसी थी। गृहस्थी की गाड़ी जो चलानी थी। फिर घर पर मेहमान आ बैठा था। मेहमान से बढ़कर भला और कौन होता है ! गाँव में मेहमान की आवभगत करने में कोई पीछे न रहता था। फिर वह क्यों रहें ?

गाँव छोटा था इसलिए बनिये की दुकान भी छोटी ही थी। आधे घर में दुकान और आधे में मकान। घर कच्चा ही था। बनिया इसी गाँव का था। गाँव तथा गाँव के लोग उसकी रोजी-रोटी का माध्यम थे। दो-तीन गाँवों में यह उसकी अकेली दुकान थी। नई रोशनी के बच्चे उन दिनों नहीं थे, जो जेब में करेंसी नोट डालकर झट से दुकान पर पहुँच जाएँ। पाई और धेलों में अधिकांश चीजें बिकती थीं। पैसों का वजन कम होता था और खरीदी गई चीजों का अधिक। लाला हिम्मत मल ने थले पर बैठे हुए देखा। लहकारी उसी तरफ आ रही थी। उसके कदमों में तेजी थी और चेहरे पर चमक। होंठ जैसे कोई गीत गुनगुनाना चाहते हों। पास आते ही लहकारी बोल उठी, "लाला जल्दी से दैय दो।"

लाला ने सुना तो थोड़ा मुस्कुराते हुए पूछ बैठा, "पर य्य तो बताय नई का दैय दो ?" तभी लहकारी बोल उठी, "लाला गरीबन को और का लाने को हय वई, नून, तेल, दाल...।"

लाला ने अदपई तराजू के एक पलड़े में रखी और दाल दूसरी ओर रखते हुए पूछा, "लगता है आज कोई घर पर आयो हय ?"

लहकारी ने तेल के लिए कटोरी तराजू के पास रखते हुए केवल 'हाँ' कहा था। पर लाला हिम्मत मल की इससे सन्तुष्टि नहीं हुई। दाल तौलकर वह फिर पूछ बैठा, "पर कौन आये हय ?"

इस बार धीमे से जवाब दिया था उसने, "झलकारी के ब्याह के लाने।"

लाला की जिज्ञासा समाप्त हो गई थी। तेल की खाली कटोरी में पहले उसने दो बड़ी पली डाली। फिर एक पाव साबुत नमक तोला। तब तक लहकारी ने धोती का छोर आगे कर फैला दिया था। एक छोर में नमक, दूसरे में दाल। कागज और प्लास्टिक की थैलियों का चलन उन दिनों नहीं था। सौदा सुलफ ले उसने घर की ओर कदम बढ़ाए थे। उसका मन पुलकित था। खुशी में जमीन पर कहीं डग छोटे पड़ते तो कहीं लंबे।

आगन्तुक का नाम सुमेर था। सदोवा उससे बात भी करता जाता था और कपड़ा भी बुनता जाता था। पति ने पत्नी को बेटी लाने के लिए भेजा था और माँ अपने ही ममतामयी जाल में फँसकर रह गई थी। डाँटना चाहते हुए भी वह उसे डाँट नहीं सकती थी। इसलिए तो उल्टे पाँव लौट आई थी। घर में एक ही औलाद थी और वह भी लड़की। यूँ झलकारी बेटी भी थी और बेटा भी। बचपन से ही लाड़ में पली-बढ़ी थी वह।

बीच में सुमेर कुछ पूछता तो सदोवा कपड़ा बुनते हुए केवल हुंकारे भरता जाता था। कुछ देर के लिए हाथ थामकर वह सोचने लगता। वैसे भी सुमेर को सभी कुछ तो मालूम है। कुछ भी तो छुपा नहीं है उससे। रोज कुआँ खोदना और रोज प्यास बुझाना।

माँ के जाने के बाद झलकारी ने उन दोनों की ओर देखते हुए कहा था, "काये चन्ना-रमची कछु बताओ नई और का-का होउत किलौ में।"

चन्ना-रमची स्वयं खो-से गए थे उसके द्वारा बनाए जा रहे किले में। ध्यान से एक-एक चीज को वे देख रहे थे। तभी चन्ना ने कहा, "राजा की गद्दी।"

फिर बोला था रमची, "और रानी का पलका।" दोनों की बात सुनकर धीरज से जवाब दिया था झलकारी ने, "सबई बनाइबौ, जरा रुकौ तो।"

दोनों बच्चे फिर किले की आकृति में मिट्टी के अलग-अलग चित्रों को देखते-देखते उनमें खो गए थे। धूप उनके ऊपर आ गई थी। झलकारी को भी ध्यान ही नहीं रहा कि कितना समय हो गया था। दूर से उसने जब माँ की आवाज सुनी तो उसका ध्यान टूटा। हाथ झाड़ते हुए वह बोली, "चलौ अब तनिक सुस्ता लै।"

मिट्टी के ढेर पर बैठी झलकारी ने हाथ-पाँव तथा कपड़ों पर पड़ी मिट्टी को झाड़ते हुए हटाया। चन्ना-रमची अभी वहीं बैठे थे। तभी माँ की आवाज फिर उसके कानों में पड़ी,

"जा मोड़ी तो बिलात परेशान कर रई है। अरी आवै कौ न।"

झलकारी मिट्टी के किले को जतन से पूरा करना चाहती थी। पर माँ उसे बुलाने के लिए बार-बार आवाज दे रही थी। अन्ततः मन मसोसकर चलते हुए वह बोली, "देख चन्ना-रमची, जा किलौ को कछु नुकसान नई पोचा दयौ।"

दोनों बच्चों ने आश्वासन दिया। तब जाकर वह आश्वस्त हुई। बाद में वे दोनों भी अपने घर की ओर दौड़ पड़े।

बहुत देर हो गई थी उन्हें वहाँ घर से आए हुए। उनको भी तो माँ ढूँढ़ रही होगी। रास्ते में चलते-चलते दोनों अपनी-अपनी माँओं के बारे में सोच रहे थे। पर माँ बुलाएगी कैसे ? वे तो मजूरी करने सुबह ही घर से चली गई थीं और बापू झाँसी गए थे। दोनों अपने-अपने घर में अकेले ही थे। न भाई और न बहन। उनके कदम यह सोचकर ठहर गए कि झलकारी थोड़ी देर में वापस तो आएगी ही। जितनी रुचि झलकारी को किला बनाने में थी उससे कहीं अधिक उन्हें किला बनते हुए देखने की। अब तक उन्होंने किसी किले को नहीं देखा था। मिट्टी का किला ही सही। थकान से दोनों की आँखों में नींद उभरने लगी थी। यही सोचते हुए वे फिर वापस हो लिए। जहाँ मिट्टी का ढेर था और मिट्टी से बनी हुई किले की आकृति थी। उस मिट्टी में अपनत्व था और स्नेह भी। पास ही झोहड़ था। अब तक प्यास से उनके गले खुश्क हो गए थे। नन्हीं हथेलियों से इन नन्हों ने तालाब की ऊपरी परत पर तैरती गंदगी हटाकर पानी पिया। और फिर से मिट्टी के उसी ढेर पर जाकर वे पसर गए थे।

सदोवा अभी भी घर के भीतर कपड़ा बुन रहा था। उसके पास वही व्यक्ति बैठा था, जिसने झलकारी से घर आने से पहले बात की थी। बाहर आँगन में लहकारी चूल्हे पर रोटियाँ सेंक रही थी। मसूर की दाल वह पहले ही राँध चुकी थी। तभी उसकी नजर झलकारी पर पड़ी। जिसके कपड़ों पर जगह-जगह अभी भी मिट्टी लगी थी। यहाँ तक कि बालों में भी गर्द जम गई थी। बाल बिखरे थे। देखकर गुस्सा हो आया उसे। पर जल्दी ही वात्सल्य छलक आया उसकी आँखों में। उसकी आवाज में गुस्सा कम और प्यार अधिक था। माँ ने बेटी से कहा था, "मोड़ी घर में कुछ काम न करौ है। बिलात देर से टेर रई। चल अपने बाबा और उनई पैले जीमने आँय।"

माँ की बात सुनकर झलकारी के भीतर जिज्ञासा हुई। बाबा के पास और कौन है। धीरे से दरवाजे के पास खड़े हो भीतर झाँककर देखा। फिर पूछ बैठी, "मताई कौ है ?"

सिंकी हुई रोटी चूल्हे से निकालते हुए लहकारी ने डाँटने जैसे स्वर में कहा, "चुप रयै मोड़ी।" पर झलकारी पूछे बिना नहीं मानी,

"पर मताई जे कौ ?"

यमुना ने उत्तर में बस इतना ही कहा था,

"झाँसी से आउत।"

पर माँ के जवाब से बेटी सन्तुष्ट नहीं हुई थी। फिर सवाल किया था झलकारी ने, "झाँसी से हमाय गाँव कौ आए ?"

माँ का मन हुआ बेटी को बतला दे। उसके ब्याह के लिए आए। पर वह कहते-कहते रुक गई। बहाना बनाते हुए माँ ने कहा था, "कुछ काम हैगा।"

झलकारी की जिज्ञासा थोड़ी शान्त हुई। तब जाकर उसने पानी लेकर हाथ-मुँह धोया। तार पर सूख रहे कपड़े से ही हाथ-मुँह पोंछकर वापस आई। काँसे की थाली में पहले रोटी रखी फिर कटोरे में सब्जी डाल कर तेज कदमों से चलते हुए वह कोठरी में जाकर दे आई। इस बीच माँ ने याद दिलाया, "पानी।"

सुनकर बोली वह, "मोउ जानत मताई।"

माँ ने सुना, पर कुछ जवाब नहीं दिया। केवल होंठों में मन्द-मन्द मुस्कुराई थी वह। दो गिलास में पानी देने के बाद झलकारी माँ के पास बैठ गई थी। तब तक यमुना रोटी बना चुकी थी। तभी धीरे से कहा था झलकारी ने, "मताई इनन नै मौं से पूछा हती।"

जिज्ञासावश माँ बोली थी, "का मोड़ी ?" झलकारी ने जवाब में कहा था, "पूछ रओ ते तुमाये बाबा को नांव* को है ?"

माँ का सवाल था, "फिर तेय नै का कऔ ?"

जवाब में झलकारी बोली थी, "बस सीधो-सीधो बताय दैयो।"

माँ ने तनिक मुस्कुराते हुए पूछा, "पर का बताय दैयो ?"

"यई बाबा का नांव।" जवाब में कहा था झलकारी ने।

फिर सवाल किया था माँ ने, "का ?"

जैसे बेटी माँ के पूछने का आशय समझ गई थी।

"मताई तुम नै भी...।"

बीच में बोल उठी माँ। उसके स्वर में मुस्कुराहट थिरक आई थी।

"मोड़ी मैं तो बई पूछ रही थी तै ने बाबा का नांव बतायौ," थोड़ा गुस्से के स्वर में उभरा था स्वर झलकारी का, "हऔ।"

फिर से होंठों के बीच मुस्कुराते हुए पूछा था माँ ने, "पर का ?"

धीमे स्वर में जवाब दिया था उसने, "सदोवा मूलचन्द।"

माँ के होंठों पर अब पूरी तरह मुस्कान थिरक आई थी। उसकी मुस्कान में मातृत्व था और वात्सल्य भी। प्यार दोनों के बीच उभरा था। उन सुखद क्षणों की कोई कल्पना भी नहीं कर सकता था। माँ के सामने बेटी बैठी थी। उसी बेटी को स्वयं माँ पहेली में उलझा देना चाहती थी। तभी उसे कुछ याद हो आया। उसके मुँह से अनायास ही निकल पड़ा, "मोड़ी तेरे चक्कर में सब कुछ भूल गई।"

तत्काल ही झलकारी को जैसे कुछ याद आ गया था। वह तपाक से कह उठी, "मोखौं पतो है, का भूल गई मताई तेई।"

भागते हुए झलकारी अन्दर गई। तब तक मूलचन्द और घर आए मेहमान ने भोजन कर लिया था। पानी पीकर वे हाथ धोने लगे थे। झलकारी संकोचवश पूछ बैठी, "और कछु दार, रोटी दैय।"

पहले सुमेर ने हाथ से इनकार किया फिर सदोवा ने। सुमेर ने चुल्लु भर पानी मुँह

में डालकर कुल्ला करते हुए फिर से झलकारी को देखा था। वैसे झलकारी बच्ची थी, पर ग्रामीण समाज के लिए वह जवान हो गई थी। जैसा देश वैसा भेष। वह स्वयं ऐसा ही सोचते हुए वापस चला गया था।

बाद में झलकारी को पता चला था। झाँसी से वह उसके ब्याह के लिए गाँव आया था। सुनकर आश्चर्य हुआ था उसे। पर समाज में रीत यही थी। खेलने की उम्र में बालक, बालिकाओं के विवाह हो जाते थे। उन्हें पता ही नहीं चल पाता था कि वे दूल्हा-दुल्हन बन गए हैं। महसूस जब होता था तब फुदकती, थिरकती कोई चिड़िया पिंजरे में बन्द हो जाती थी। वह पिंजरा सोने का होता या चाँदी का या फिर साधारण लोहे का ही। पिंजरा तो पिंजरा ही था। पिंजरे में कैदी का दर्द एक ही जैसा होता।

सभी गाँवों में एक जैसी परम्परा थी। जैसी समाज की संरचना वैसी ही गाँव की परम्परा। गाँव और शहर दोनों उन्हीं परम्पराओं को ढोते थे। पुरुषों से अधिक महिलाओं को त्रासदी झेलनी पड़ती थी। आरंभ में विवाह सामाजिक उत्सव बनकर आता, पर बाद में वही दुर्घटनाओं का मूक आमन्त्रण भी होकर रह जाता था। जीवन में उमंगों का सूरज उगता, पर आँगन में वही धूप आने से पहले ही चली जाती। रात होती तो चाँद लगता जैसे आसमान में टँग गया हो। उसकी शीतलता महसूस न होती। चाँदनी होकर भी अधिकांश महिलाओं की रातें खूब काली होतीं। उनमें कुछ विरह में जलतीं तो कुछ चिता में जलकर अपने जन्म को सुधार लेतीं। घर-घर में यही सब कुछ था। जो दुल्हन डोला-पालकी में नहीं आती कन्धे पर बैठकर आती थीं। गोदी में सुबकियाँ लेते हुए या फिर अँगुली पकड़कर अपनी-अपनी ससुराल जातीं। ससुराल में ऐसी बाल-दुलहिनों के जीवन की शुरुआत नए-नए अनुभवों से होती थी। उस अनुभव में फूलों की महक कम होती और काँटों की कसक अधिक। गनीमत थी इस बार झलकारी जिबह होने से बच गई थी। पर वह कब तक खैर मनाएगी ? वह तो होना ही होगा एक दिन। स्त्री के जन्म के बाद यही प्रक्रिया उनकी नियति थी। वे रखैल हों या पत्नी या फिर दासी, उनके अपने रंग न थे। उन्हें तो अनगिनत रंगों में रखा जाता था। रंगों के मालिक होते थे उनके रखवाले और घरवाले।

वह राजनीतिक परिवर्तन का युग था। सत्ताच्युत राजाओं तथा जागीरदारों के बीच फड़फड़ाहट और घबराहट थी। उनकी तलवारों में जैसे जंग लग गया था। वे अपनी रियासतों में ही अजनबी हो गए थे। ब्रिटिश साम्राज्य की चारों ओर गूँज होने लगी थी। कुछ राजवाड़े उनसे अभी भी टक्कर ले रहे थे तथा कुछ ने अंग्रेजों के साथ समझौता कर लिया था। अपने ही घर में विदेशी हमलावरों को स्वीकार कर उन्होंने अपनी शान तथा पहचान को भुला दिया गया था। छोटे-छोटे स्वार्थों के लिए सामाजिक सरोकारों से

रिश्ता तोड़ दिया गया था।

देश-भर में रजवाड़े ढह रहे थे। शूरवीरों के झंडे जहाँ-जहाँ शान से लहलहाते थे। अब वे शाही खजाने के एक कोने में मात्र वस्तु के रूप में पड़े थे। खजाने पर बिरतानियों का ताला था और ताले पर अंग्रेजी मुहर। चाबी राजाओं के हाथ से निकल चुकी थी। अधिकांश रियासतों तथा रजवाड़ों में यही स्थिति थी। ऐसे में झाँसी भी अंग्रेजों के आने से प्रभावित हुए बिना नहीं रही थी। दरबार षड्यन्त्रों का अड्डा बन गया था। राजा दरकिनार था। उसके सिपहसालार और दरबारी उसी पर भारी पड़ने लगे थे। पालिटिकल एजेंट के आसपास सत्ता घूमने लगी थी। यही नहीं झाँसी में अंग्रेजी सेना की छावनी भी बन गई थी।

ग्वालियर रोड गाँव के नजदीक था या यूँ कहें कि बिल्कुल सटा हुआ। झाँसी से ग्वालियर और ग्वालियर से झाँसी आवागमन लगा रहता था। जितना झाँसी का महत्त्व था उससे कहीं अधिक ग्वालियर का। सिंधिया परिवार अंग्रेजों के सामने झुक गया था। राजनैतिक दृष्टि से वह मुख्य मार्ग था। दोनों रियासतें एक दूसरे से कहीं कम न थीं। बड़ी रियासत थी। उनका बड़ा रुतबा भी, पर सब कुछ अंग्रेजों के कारण था। जो बचा था, वह मिट्टी में मिल गया था। पर ग्वालियर के राजा, सिपहसालार, दरबारी उसी मिट्टी में सोना तलाश कर रहे थे।

यह ऐतिहासिक बात स्वयं झाँसी के लोग ही अब भूलने लगे थे। ईस्ट इंडिया कम्पनी के प्रतिनिधि ने तत्कालीन शासक रामचन्द्र राव के पास खरीता भेजा था जिसमें गवर्नर जनरल साहब, लार्ड विलियम बेंटिक ने उन्हें राजा की उपाधि दी थी। कम्पनी सरकार से मित्रता की एवज में राजा को यूनियन जैक झंडा भी भेंट किया गया था। जिसके गौरव की रक्षा की बात खरीते में कही गई थी। तब तिरंगे झंडे का निर्माण भी नहीं हुआ था। निर्माण भी कैसे होता, कांग्रेस ही नहीं बनी थी। रजवाड़ों और रियासतों में राजा, नवाब, जागीरदार अंग्रेजी हुकूमत के गौरव गान में मशगूल थे। वे गुलाम बने थे, पर अपने से बड़ा किसी को नहीं समझते थे। इन अमीर गुलामों की देश भर में बड़ी संख्या थी। वे हर समय एक-दूसरे का कद नापते और अपने कद को बड़ा साबित करने में लगे रहते। पर उनके कद धूप की छाया के समान थे। जैसे कोई राहगीह चलते-चलते अपनी ही लम्बी होती छाया को देखकर भ्रम में पड़ जाता है। छाया बड़ी या वह स्वयं। अधिकांश के पास तो सोचने का समय भी नहीं होता। सोचने वाले तो सन्त और सूफी थे। जिनकी समाधि तथा मजारों पर वे बस फूल तथा चादरें चढ़ा दिया करते थे। कुछ अधिक हुआ तो मासूम और निरपराध लोगों की बलि चढ़ा देते थे। राजा और रियासतदार मन्नतें माँगते और परस्पर खून बहाते। ऐसे योद्धा थे वे। देश भर में उनकी संख्या में दिन दूनी रात चौगुनी बढ़ोतरी होती जा रही थी। उनमें प्रत्येक जाति, नस्ल तथा धर्म के रियासतदार थे, पर अपने-आपको ऊँची जात और ऊँचे तबके के कहनेवाले अधिक थे। उन्हें अपने ऊँचे पन पर अभिमान था, पर स्वाभिमान से खाली थे वे।

झाँसी के किलेवाले महल के मैदान में धूमधाम से साथ 1832 में दरबार हुआ था। लहकारी* के मन पर तभी से वह इतिहास अंकित था। रह-रहकर उसे वह सब याद आता था। शहर से लौट गाँववालों से सुनी बातें स्वप्न में जुड़कर घनी हो जाती थीं। गाँव का औसत आदमी एक रियासत से दूसरी रियासत में सेनाओं के आने-जाने के सपने देखता। झलकारी की माँ भी सपने देखती। उन्हें सपने अच्छे भी लगते और बुरे भी। वे सपने अद्‌भुत भी होते थे।

कई दिनों से ग्वालियर की ओर से सेना आ रही थी। सेना में अंग्रेजी सैनिक भी थे और देसी सिपाही भी। हिन्दू भी और मुसलमान भी। उनके अलग-अलग रंग-रूप, वेशभूषा थीं। गाँव के बच्चों से लेकर बूढ़ों तक में जिज्ञासा उत्पन्न होती थीं। पर भय भी होता था अंग्रेजों को देखकर। आज सुबह से सेना के लश्कर का आना जारी था। शोर होने के बावजूद परिवेश में सन्नाटा था। बीच-बीच में रसद ढ़ोते हुए घोड़े खच्चर उधर से आते और उन पर रखी हुई पानी की मुश्कें लोगों को अजीब-सा लगता। ऊँटों पर लदी हल्की तोपें, भालें, तलवार तथा बन्दूकें लिये पैदल सैनिक। साथ ही घोड़ों की पीठ पर बैठे हुए उन्हें दौड़ाते हुए कुछ विशेष सैनिक भी थे।

दिन का समय था। धूप उतर रही थी। छाँव बढ़ रही थी। झलकारी सभी में आगे थी। वे सब गाँव के बाहर आ गए थे। पर सड़क से दूर थे। वहाँ तक कच्चा रास्ता था। अगल-बगल खेत ही खेत थे। सामने कच्चे रास्ते पर आगे बढ़ते हुए सैनिक। साथ में भारी माल-असबाब। लगता था लश्कर का अन्त था। तभी ढीले-ढाले काले वस्त्र पहने दाढ़ीवाला कोई बाबा दिखाई दिया। चौड़ा माथा, बड़ी-बड़ी आँखें और उसके लम्बे बाल थे। उसके डग ऊँट की तरह थे। बाल सुलभ झलकारी ने पूछ लिया था, "ये घोड़े, हाथी, कहाँ जा रयो हैं ?"

बाबा ने गौर से उसके ललाट की ओर देखते हुए जवाब दिया था, "यह हाथी, घोड़े, पालकी, सेना, गोला, बारूद, मिलकर इतिहास बनाते हैं बेटी।"

झलकारी कुछ न समझ सकी। वह मौन थी।

पल-भर बाद उसी लम्बी दाढ़ीवाले बाबा ने गहराई से फिर उसके ललाट को देखकर भारी आवाज में कहा था, "एक दिन तुम भी इतिहास बनाओगी बेटी।"

जैसे कुछ न समझ सकी थी वह।

सुनकर आश्चर्य में बोली थी झलकारी, "मोय भी इतिहास बनाऊँगी।"

उसी ने फिर गम्भीर स्वर में कहा था, "हाँ, तुम भी इतिहास रचोगी बेटी।"

झलकारी ने फिर सुना तो उसे इस बार अच्छा लगा। चारों ओर अभी उड़ती हुई धूल थी। सेना के साथ हाथी-घोड़े ऊँट जा चुके थे।

"पानी पिलाओगी बेटी।"

पानी के लिए बाबा के मुँह से सुना तो उसे और भी अच्छा लगा था। इतनी बड़ी

---

* लहकारी का कहीं-कहीं यमुना नाम भी आया है।

सेना और पीछे बाबा। स्वयं बाबा ने पानी माँगा था। जवाब में खुशी-खुशी कहा था उसने, "अबई पिलवाई दैं चलौ हमाय संग।"

आगे-आगे झलकारी और पीछे-पीछे बाबा। पास ही घर था। उसके पिता तथा माँ ने देखा तो दोनों को भयमिश्रित आश्चर्य हुआ। तभी झलकारी ने आँगन में रखे घड़े से लोटे में पानी उड़ेलते हुए कहा था, "पानी के लिए आए हैं बाबा हमाय घर।"

सुनकर भय कम हुआ था दम्पति का। खुशी से बोले थे वे, "हाँ-हाँ बेटी पानी पिलाई दयो बाबा को। पानी पिलाय तो पुन्न मिलो है।"

बाबा ने अपनी चौड़ी हथेली मिलाकर ओक बनाई। झलकारी ने थोड़ा ऊपर बर्तन कर शीतल जल पिलाया था। गर्मी का माह और घड़े का ठंडा पानी। बाबा को असीम तृप्ति हुई थी। मन प्रसन्न हो गया था उनका। अचानक पूछ बैठी थी झलकारी, "याई सेना कां जा रई है ?"

सुनकर बाबा ने थोड़ा ठहर कर जवाब दिया था, "झाँसी।"

इस बार जिज्ञासावश पूछा था मूलचन्द ने, "काय ?"

सवाल सुनकर बाबा का स्वर और भी गम्भीर हो गया था, "झाँसी राज्य को पलटने।" बड़ा क्रूर जवाब था। पल-भर बाद फिर वैसे ही भारी स्वर में बोले थे बाबा। जैसे कुएँ के भीतर से आवाज आई हो,

"सब कुछ उलट-पलट जाएगा। कुछ भी स्थिर नहीं रहेगा। आसमान में धुआँ भर जाएगा। जमीन लाल हो जाएगी।"

उन्होंने देखा बाबा की आँखों में जैसे सुर्ख लाल रंग का दरिया बहने लगा हो। बाबा के ललाट पर झाँसी उभर आई थी। आकाश में सफेद-काले बादल तैरने लगे थे। सूरज की यात्रा की दिशा पश्चिम की ओर थी। तभी तोप चलने की भारी आवाजें वातावरण में गूँजी थीं। लगता था फिरंगी सेना को घेर लिया गया था झाँसी के सैनिकों के द्वारा। तोप से गोले दागने की आवाजें कई बार हुई थीं। सेना के बीच मुठभेड़ जैसी दहल थी। जमीन काँपने लगी हो जैसे। बाबा ने आकाश की ओर देखते हुए कहा था, "लगता है अब झाँसी नहीं बचेगी।"

कई बार तोप से गोले चलने की आवाजें सुनकर गाँव के लोगों में दशहत हो गई थी। परिवेश में कोलाहल उभर आया था। बाबा गाँव से चलने को हुए। उनके चलने से पूर्व उन्होंने सुना था। बाबा का गम्भीर स्वर फिर उभरा था, "तुम्हारी बेटी बहुत बहादुर है। देखना एक दिन इतिहास में इसका नाम होगा। झाँसी के दरबार में इसका आना-जाना होगा।"

पति-पत्नी को बाबा की बात सुन अच्छा भी लगा था और खूब आश्चर्य भी हुआ था। गाँव में कोई भी सुनता तो उसे भी आश्चर्य ही होता। क्योंकि वह गाँव था शहर नहीं। गाँव में सभी आम आदमी रहते थे। फिर आम आदमी तो खास लोगों की छाया स्पर्श करने की कल्पना भी नहीं कर सकता था। उस पर मेहनतकश व्यक्ति और वह भी दलित, जिसकी मेहनत की तो तत्कालीन समाज को आवश्यकता थी, पर स्वयं से

उसे दूर रखने का प्रयास किया जाता था।

पति-पत्नी ने एक दूसरे की आँखों में देखा। जैसे वे पूछना चाहते हों कि क्या बाबा की बात सही हो सकती है ? दोनों ने नजदीक खड़ी झलकारी को देखा था। उनके भीतर तरह-तरह के सवाल उभरने लगे थे। उन सवालों ने उनके मन में अच्छे-खासे द्वन्द्व को जन्म दे दिया था। जिनका सम्बन्ध इतिहास से भी था और वर्तमान से भी।

''झलकारी में ऐसा बाबा ने क्या देखा, जिससे इतनी बड़ी बात कह दी थी।''

बार-बार सवाल उभर रहे थे।

यह कोई चमत्कार की आहट थी या स्वयं उनकी बेटी की प्रतिभा की गूँज।

जिस राह से बाबा आया था, उसी राह से वह लौट गया था। पीछे रह गई थी उसके द्वारा कही हुई बात की गूँज। जो बार-बार उनके कानों से टकराती थीं। यह पहला फकीर था, जिसने न केवल देश, राजनीति और झाँसी की गद्दी उलटने की बात की थी बल्कि इसके साथ झलकारी के बारे में भी कुछ कहा था। कौन था वह ? सदोवा के भीतर बार-बार यही बात उभर रही थी। माँ का मन पत्ते की तरह काँपने लगा था। उनके घर के आगे लोगों की भीड़ लग गई थी। उनके लिए काले कपड़ोंवाले बाबा का आना जैसे किसी खतरे का संकेत था। पहले गाँव के बाहर से सेना का गुजरना फिर गाँव के भीतर किसी अनजान बाबा का आना और पानी पीकर भविष्य की बात बताकर चले जाना, यह उनके लिए आश्चर्य की बात तो होनी ही थी ? झाँसी की स्थिति भी वैसी ही विकट थी। गंगाधर राव को जैसे आँधी से होकर गुजरना पड़ रहा था। झाँसी में सन्नाटा भी था और विद्रोह भी। हालाँकि विद्रोहियों को कुछ समय के लिए दबा दिया गया था। अंग्रेजों ने वैसे गंगाधर राव की मदद ही की थी, पर चारों ओर से धीरे-धीरे वे जाल बुनने में लगे थे। उनके लिए हर एक राजा, सामन्त तथा जागीरदार विद्रोही हो चला था। बुन्देलखंड के सर्वाधिक समृद्धिशाली राज्य झाँसी की आर्थिक अवस्था शोचनीय हो गई थी। जनता पर करों का बोझ बढ़ने लगा था। किसानों में अलग से बेचैनी थी। दस्तकारों की स्थिति दयनीय होती जा रही थी। ऐसे में साहित्य और संस्कृति नाट्य और नृत्य की किसे पड़ी थी।

झाँसी के चारों तरफ छोटी-बड़ी जागीरें थीं। जागीरों के भीतर अनगिनत जागीरें जिनके चप्पे-चप्पे से विद्रोह फूटता था। चिनगारी उछटती थीं। उत्तर दिशा में बड़ा गाँव रियासत थी, जिसके आठ हिस्से किए गए थे। उसी से अठवईया जागीर पैदा हुईं। पूर्व में ओरछा, पश्चिम में कारेरा, शिवपुरी, दतिया और दक्षिण में भोपाल रियासत थी।

स्वयं झाँसी के पराजित वारिसों में सखूबाई, अलीबहादुर, कृष्णराव विनायक चन्दोरकर थे। जो अभी भी झाँसी के प्रबल दावेदार बनने के प्रयास में थे। वे षड्यन्त्रों के सूंत्रधार थे। उनके सपने अभी भी सिंहासन पाने की आस लगाए थे और राजपाट पाने के लिए कभी भी खून बहा सकते थे।

गाँव और जंगल के बीच फासला अधिक न था। प्रायः जंगल और गाँव एक दूसरे के पूरक भी थे। गाँववालों के लिए जंगल महज जंगल नहीं था। उनके जीवन का वह एक महत्त्वपूर्ण अंग था। जो उनकी रोजी-रोटी में सहायक बनता था। वह बात अलग थी कि कभी-कभी इसी जंगल में विचरण करनेवाले जंगली जानवर गाँवों के लोगों को नुकसान भी पहुँचा दिया करते थे। पर गाँव के लोग इसे अपनी नियति मानकर सन्तोष कर लिया करते थे। जंगल उनके जीवन में रच-बस जो गया था।

दिन चढ़ आया था। धूप फैलने लगी थी। चन्ना-रमची आगे थे और झलकारी पीछे। रोज की तरह आज भी वे तीनों जलावन लेने जंगल आए थे। कुछ लकड़ियाँ उन्होंने इकट्ठा कर ली थीं। जिन्हें तीन बराबर-बराबर गट्ठर में बाँधकर जमीन पर रख छोड़ा था। अतिरिक्त जलावन के लिए वे आगे बढ़ रहे थे। झलकारी के हाथ में कुल्हाड़ी थी। जबकि चन्ना-रमची के पास गठीले मजबूत बांस थे। जंगल में लकड़ियाँ चुनने में अक्सर तीनों एक-दूसरे की मदद करते थे। तीनों घर से साथ-साथ जाते और साथ ही वापस लौटते। घर-घर में यही जंगल जलता था और जल-कटकर फिर बड़ा होता था। जितना कटता उससे कहीं अधिक उगता, बढ़ता। चार-पाँच गाँव के बीच कई कोस में फैला घना जंगल था।

जंगल में तरह-तरह के पेड़ थे। वे गाँव के लोगों को जलावन ही नहीं मुहैया कराते थे बल्कि जड़ी-बूटियाँ भी सुलभ कराते थे। कई वैद्य-हकीम इसी जंगल में भटकते फिरते थे। जहाँ चिड़ीमार चिड़ियाँ पकड़ने आते वहाँ राजा, सामन्त, नवाब और गढ़पति अपने-अपने लश्करों के साथ शिकार खेलने आते। जंगल इन सबको पनाह देता। खाना देता, खुराक देता और थक जाने पर ठंडी हवा के झोंकों से आराम भी देता। जंगल आरामगाह भी था और भगोड़ों के आश्रय लिये भी। डाकुओं के दल के दल गहरी और अँधेरी खोह में जा छुपते। विद्रोही, हत्यारे इसी जंगल में शरण लेते। कुछ के लिए जंगल वरदान था तो कुछ के लिए अभिशाप भी। जंगल के रूप, रंग और स्वभाव अलग-अलग थे। वैसे ही जंगली जानवरों के भी।

हालाँकि बाघ जंगल के भीतरी हिस्से में ही रहते थे, पर कभी-कभी शिकार की तलाश करते हुए किनारे तक आ जाते थे। झलकारी लकड़ी काटते-काटते थक-सी गई थी। घड़ी-भर सुस्ताने के लिए अभी वह जमीन पर बैठी ही थी कि नजदीक के झाड़ से घात लगाकर बाघ ने उस पर हमला किया। बाघ के उछलने से परिवश में खड़खड़ाहट की आवाज हुई तो झलकारी चौंकी। उसने पलटकर देखा। तब तक जंगली जानवर ने उस पर छलाँग लगा दी थी। ऐसे समय वह जरा भी नहीं घबराई। बिजली की गति से वह उठी और हाथ में पकड़ी कुल्हाड़ी उसके आगे कर दी। आँधी की तरह झपटे बाघ को इसका गुमान न था और न ही इतनी समझ। उसने तो अपने सामने शिकार देखा था। कुल्हाड़ी वह देख नहीं पाया। यहीं जंगल का राजा धोखा खा गया। उसे मालूम न था उसका पाला गाँव की एक बहादुर लड़की से पड़ सकता है। बाघ का मुँह खुला था उसके लम्बे और नुकीले दाँत झलकारी को दबोचने के लिए तत्पर थे। जो सम्भव

न हुआ। पलभर में ही कुल्हाड़ी सीधे उसके हलक तक जा पहुँची थी। उसका वार खाली गया था और झलकारी का भरपूर वार हुआ था। शेर के पंजों से बचाव के लिए झलकारी ने दो मोटी लकड़ी का सहारा लिया था।

इधर बाघ दहाड़ा और उधर चन्ना-रमची दोनों का ध्यान टूटा। जंगल में दूर-दूर आवाज गूँज गई थी। ऐसी कि जिसे सुनकर ही लोग भाग खड़े हों। वे अधिक दूर न थे। दहाड़ने की आवाज जिधर से हुई थी, वे उस तरफ ही भागे। थोड़े फासले पर उन्होंने देखा। बाघ ने झलकारी पर हमला कर डाला है। तभी बाघ की दहाड़ का स्वर बदला। कुल्हाड़ी मुँह में थी इसलिए। उसके मुँह से गो-गो की आवाजें निकल रही थीं। उधर कुल्हाड़ी को झलकारी ने मजबूती से पकड़ रखा था। न जाने बाघ को क्या सूझा कि वह पीछे हटा, पर भाग न सका। तभी झलकारी ने फुर्ती से उसके माथे पर कुल्हाड़ी से वार किया। कुल्हाड़ी लगते ही उसका माथा फट गया। वह फिर दहाड़ा, उछला पर गिर गया और जल्दी ही शान्त हो गया। कुल्हाड़ी अभी-भी झलकारी के हाथ में थी। उसकी धार खून से तर हो गई थी। चन्ना-रमची आश्चर्य से यह सब देखते रह गए। झलकारी ने जमीन पर पड़े हुए बाघ को देखा तो जीत की मुस्कुराहट उसके होंठों पर आ गई थी। तभी दोनों ने नजदीक आकर तालियाँ बजाईं। खुश होते हुए दोनों एक साथ बोले, "जीजी ने बाघ को मार डालौ। सबन से पइलै हम खबर देंगे घर जाके।"

झलकारी इतना ही कह सकी, "जाइबौ।"

तेज कदमों से वे दोनों घर पहुँचे। उनके भीतर अजीब उत्साह था। जल्दी से जल्दी गाँव पहुँचकर वे झलकारी के द्वारा बाघ मारने का समाचार देना चाहते थे। दोनों के सिर पर लकड़ी का गट्ठर था जो आज बहुत हल्का लग रहा था। सदोवा घर के बाहर आँगन में बैठा चिलम पी रहा था। नजदीक ही लहकारी बाई आटा गूँथ रही थी। पति-पत्नी ने देखा। चन्ना-रमची दौड़ने जैसी स्थिति में तेज-तेज कदमों से चले आ रहे थे उन्हें देख सदोवा मूलचन्द पूछ बैठा, "का है गयो, तुमन काय हाँपत ?"

चन्ना-रमची तत्काल बोले, "दद्दाजी आज ऐसइ है गयौ। ना तो हमन ने सुनौ और ना देखौ।" उनकी बात सुनकर दोनों हतप्रभ हो गए थे। आँखों में आश्चर्य के भाव उभर आए थे। इस बीच सदोवा पूछना ही चाहता था कि झट से लहकारी पूछ बैठी, "पर कछु हो भी गयो ?"

दोनों फिर एक साथ बोले, "गजब हो गयौ।" इस बार पति-पत्नी के मुँह से अनायास निकला था, "गजब हो गयौ।" उधर दोनों मजे लेते हुए फिर बोले थे, "हाँजी गजब हो गयौ।" तभी माँ को बेटी का ध्यान आ गया। वह पूछ बैठी, "चल मोड़ा बातन भौत है गई, मोये बतला जंगल में का भव। मोई झलकारी ते ठीक हाय ?" इस बार चन्ना बोला था, "वोई तो बतारये।" थोड़ा गुस्से में कहा था सदोवा ने, "बता का रऔ।"

बीच में बोल उठी थी लहकारी, "बातन में डले मिलाइ रओ है।"

दोनों ने एक दूसरे की ओर देखा और विचार किया कि अब बता देना ही चाहिए।

पहले कौन बताए तो रमची ने कहना शुरू किया, "झलकारी लकड़ी काटने के बाद थोड़ा सुस्ता रई थी। वहाँ से कुछ दूरी पर हम दोनों थे।"

लहकारी बाई से रहा न गया, बोल उठी वह, "फिर आगे का भव ? जल्दी काये नाहीं बताव ?" इस बार चन्ना ने जवाब में कहा, "एक बाघ गुर्राया और दीदी की तरफ लपका। हम तो डर ही गए थे।" सुनकर माँ का दिल धक् से रह गया। माँ कुछ पूछना ही चाहती थी कि उससे पहले पिता ने चिन्तावश पूछा, "फिर का भव ?"

अब दोनों ने एक साथ उत्तर दिया था, "ज्यों ही बाघ पास आया, बहिना ने ऐसी कुल्हाड़ी उसके माथन पै दे मारी, वह चिल्लाकर गिर परो।"

माँ का बेचैनी-भरा स्वर उभरा था, "मोई बिटिया तो ठीक है ?"

तभी मजाक में कहा था दोनों ने, "तोय बिटिया ठीक नई हती तो हम भागे-भागे बाघ मारने की जू खबर काए देवे आते ?"

उनकी बात सुनकर सदोवा तथा लहकारी दोनों आश्वस्त से हुए थे। तभी उन्हें बाहर से झलकारी की आवाज सुनाई दी। दोनों ने देखा, उसके सर पर लकड़ी का गट्ठर था। पहले उसने कुल्हाड़ी जमीन पर धरी फिर सर से गट्ठर उतारकर धम्म से पटक दिया था। आटे से सने हाथ पानी से धोये बिना माँ आटे का बर्तन जल्दी से एक तरफ रख उठते हुए बेटी की तरफ बढ़ी थी।

चन्ना-रमची ने देखा तो हँसते हुए पूछ बैठे, "बहिना बाघ का का भव, बाघ साथ नई लाई ?" झट से वह बोल उठी, "अभी तो बाघ ने तुमय बुलाया है।" उन्होंने भी वैसे ही पलटी मार जवाब दिया था। "अब हमै का मरम पट्टी कन्ने ?"

झलकारी ने मुस्कुराते हुए कहा, "मौको का पतो जा के पूछ बो।" उन तीनों को हँसते बोलते देख अब तक उन दोनों की भी साँस में साँस आ गया था। अतः उन्होंने थोड़ा हँसने का प्रयास किया था। माँ बेटी के कपड़े तथा बदन को छूकर बार-बार देख रही थी। हालांकि बेटी ने कहा भी था, "मो को कछु नई होय।"

सदोवा और लहकारी को चिन्ता थी। उनकी बेटी को कहीं बाघ ने घायल तो नहीं कर दिया हो। आखिर उम्र ही क्या थी उसकी। इस उम्र में बाघ से लड़ना आश्चर्य की बात थी। कहाँ बाघ और कहाँ झलकारी, गाँव के लिए यह गौरव की बात भी थी। यह बात झलकारी के माता-पिता के साथ गाँव के लोगों ने भी महसूस की थी। कुछ को खुशी थी तो कुछ को ईर्ष्या भी हुई थी। छोटी जात की लड़की किसी बाघ को मार दे। तत्कालीन समाज की परिपाटियों के अनुसार इसमें विरोधाभास था। वीरता और बहादुरी के सारे गुण तो सवर्ण समाज के क्षत्रियों के लिए सुरक्षित कर रखे थे। और दलितों, पिछड़ों के खाते में अवगुणों के साथ अयोग्यताओं की भरमार थीं। फिर ऊँची जातियों के लोग आसानी से भला कैसे स्वीकार कर लेते कि कोरी जाति की एक लड़की ने बाघ को पछाड़ दिया। पछाड़ ही नहीं दिया बल्कि मार भी गिराया। इस घटना के बारे में जिसने सुना वही सुनकर दंग रह गया था। आसपास के लोग झलकारी को देखने आए। झलकारी को देखकर तो वे और भी आश्चर्य से भर जाते। झलकारी की न तो उतनी

उम्र ही थी और न ही उसका शरीर वैसा बलिष्ठ था कि वह बाघ जैसे जंगल के राजा को परास्त कर दे। लेकिन सच तो यही था। उसने बाघ को परास्त ही कर दिया था। लाला हिम्मत मल की दुकान पर सुबह-शाम बड़े-बूढ़ों की भीड़ जुड़ती थी। इस बारे में वे खूब पूछते-जाँचते। निश्चित ही बाघ के मारने की घटना ने उनके पेट का पानी हिलाकर रख दिया था। वे सब अधीर थे। इस बारे में कुछ और नई बातें सुनना चाहते थे। उनकी जिज्ञासा को शान्त करने में लाला मदद किया करता था। वह जितनी बातें सुनता, उससे अधिक ही बयान करता। सुनने और सुनाने में सभी को रस आता था।

कुछ लोग इस घटना को पूर्व जन्म से जोड़ने लगे थे। जन्म-पत्री देखी गई थी झलकारी की। गाँव के पंडित ने स्वयं कहा था। यह पूर्व जन्म का फल है। अवश्य ही झलकारी क्षत्रिय परिवार में पैदा हुई होगी। तभी का असर है उस पर। वह असर तो जन्म-जन्मांतर रहता है। अब भला भोजला गाँव के दलित और पिछड़ी जाति के लोग इस पर क्या विश्लेषण करते। विश्लेषण करने का सामर्थ्य तो सवर्णों के पास था। वे चाहें तो राई को पर्वत बना दें और पर्वत को राई।

पिता होने के नाते सदोवा जैसा अपनी बेटी के बारे में सुनता, बस हाँ-हाँ कर अपनी खुशी जाहिर कर लेता। वह गाँववालों के विश्लेषण को नहीं समझ पाता। खुद से ही सवाल-जवाब करता। अगर पूर्व जनम में उसकी बेटी ऊँची जात में पैदा हुई तो इस जन्म में छोटी जात में क्यों हो गई। बड़ी भारी भूल हो गई होगी हमाय मोड़ी से। अब भूल का पश्चात्ताप तो करना परो है। यही सोचकर पिता सन्तोष कर लेता। वह पूछता भी तो किससे ? कोरी जाति के गिनती के घर थे। सवर्ण जाति के लोगों से बातचीत हो, पूछ गछ की जाए। ऐसी न सुविधा थी और न ही अवसर मिल पाता था। ऊँची जाति के लोग स्वयं उससे अपने काम की बातें करते थे। बातें करते हुए बीच में उनका बड़प्पन आता था। दलित समाज को सुनना ही अधिक पड़ता था, जबकि सवर्ण जातियों के लोगों के पास सुनाने के सारे विशेषाधिकार थे। जब उन्हें उनकी जरूरत पड़ती, तुरन्त बुलाते थे। मेहनतकश लोगों के द्वारा जरा भी हील-हुज्जत उन्हें बर्दाश्त न थी। वैसे उनकी देहरी पर इन विशेष लोगों का कम ही आना-जाना होता था। रही बात दलित जाति के लोगों की। उनसे मिलने के लिए पिछड़ी जाति के लोगों को सुभीता थी, पर कुछ को एतराज होता था। एतराज करने वाले सवर्ण जातियों के लोग थे। वे नहीं चाहते थे कि पिछड़ी जातियों के लोग दलितों से हिल-मिलकर रहें। कभी-कभी तो दलितों पर स्वयं पिछड़ी जाति के दबंग लोग भारी पड़ते थे। सवर्णों के रक्षा कवच थे वे। ऐसी परम्परा थी हिन्दू समाज में। पिछड़ी जाति के लोग सछूत तो दलित अछूत। बीच में बस यही रेखा थी, जो दलित पिछड़ों को एक होने से रोकती थी।

भोजला गाँव का दूर-दूर तक नाम हो गया था। एक गाँव से किसी दूसरे गाँव कोई मुसाफिर, सैनिक डाकिया, हरकारा या गुमाश्ता गुजरता तो वह अन्य व्यक्ति से मिलने पर झलकारी के शौर्य की इस रोचक घटना का जिक्र किए बिना नहीं रहता। दूसरा फिर तीसरे से कहता और तीसरा चौथे से। पर तभी कोई पूछ बैठता, "कौन की बिटिया

आय ?" जवाब मिलता। "कोरिन की।"

यानी माता-पिता के नाम से पहले सहज ही जाति का नाम आ जाता। लोगों की पहचान जाति, कुल, गोत्र से ही होती थी। वही उनकी योग्यता का मापदंड था और उनकी पहचान भी। कोई भी व्यक्ति जाति के बाहर न था। चाहे राजा हो या रंक, अवर्ण हो या सवर्ण। सबके हिस्से में अपनी-अपनी जातियों के खाने थे। वे जातियाँ उन्हें विरासत में मिलती थीं। जिसे पीढ़ी दर पीढ़ी लोग आगे बढ़ाते थे। हर एक सदी के बाद जातियों की इस विरासत में कुछ जुड़ता ही था। घटता बिल्कुल नहीं था। पर झलकारी के द्वारा बाघ मारने की इस अभूतपूर्व घटना ने कोरी जाति का माथा गर्व से ऊँचा कर दिया था। विशेष रूप से महिलाओं में तो यही चर्चा रहती थी। उनकी चर्चा में विराम न था। दूर-दूर तक यह खबर पहुँच गई थी।

गाँव में हर बरस बाहरी लोग आते थे। ऐसे लोग जिनसे गाँव के धार्मिक और सामाजिक रिश्ते थे। पहले गुसाईं आए हाथियों पर चढ़कर। फिर पैदल चलकर पादरी और बाद में बौद्ध भिक्खू। गुसाइयों के साथ पूरा लश्कर था। ऊँट, घोड़े, हाथी, डोले, पालकी और रसद का सामान भी। वे हथियारों से लैस थे। उनके शरीर भरे-पूरे और हृष्ट-पुष्ट थे। गोरा-चिट्टा रंग, चौड़ा ललाट, गजभर की छाती। चलते तो जमीन दहलती थी। उनकी आवाज गम्भीर और शरीर भारी थे। वे किसी से कुछ माँगते नहीं थे। देने वाले स्वयं उनके पास जाकर देते थे। उनके कई मठ, मन्दिर तथा अखाड़े थे।

गाँव के बाहर उनका अस्थायी डेरा लगा था, जिसकी जैसी श्रद्धा थी, उसी के अनुसार वह दे रहा था। मुर्गी, तेल, आटा, घी, चावल, गुड़, रुपया, पैसा सभी कुछ। कुछ औरतें अपने बच्चों को गोद में लिए उनसे आशीर्वाद लेने भागी-भागी गई थीं। उम्र में बच्चे थोड़ा और बड़े हुए तो वे अपनी-अपनी माँओं की अंगुली पकड़कर आए थे। पंच से लेकर सरपंच तक सभी उस तरफ दौड़े थे। झलकारी ने केवल दूर से देखा था। उड़ती हुई धूल में उनका काफिला आगे बढ़ने लगा था। आगे उनका पड़ाव था। गुसाईं इस गाँव में दो दिन ठहरे थे। इन दो दिनों में गुसाईयों की खूब आवभगत हुई थी। छोटा सा गाँव, पर गाँव के लोगों के बड़े सपने। सभी को सपने लेने का अधिकार था। साधु-संन्यासी, महन्त उन्हें दे क्या सकते थे। उनमें से अधिकांश का और काम ही क्या था। मुफ्त का खाना और अनपढ़ लोगों को झूठे-सच्चे सपनों में भ्रमित रखना। भाग्य और दुर्भाग्य की चमत्कारी छड़ी से सबको वश में रखते थे वे। उनकी कथा कहानियों में उड़नेवाले भूत-प्रेत थे और जमीन पर बैठकर धूनी रमानेवाले बाबा भी। वे परियों से लेकर डायनों तक के किस्से जानते थे। यह बात अलग थी कि गुसाइयों में कुछ के पास छोटी-बड़ी रियासतें भी थीं, पर कुछ मारे-मारे भी फिरते थे। यूँ जनता-जनार्दन से लेकर राजा तक सभी उनसे घबराते थे, क्योंकि घात-प्रतिघात की राजनीति में वे पारंगत थे। हर समय द्वेष से भरे होते थे वे। जरा भी किसी से आवभगत में कमी रह गई, वे तुरंत

उबल पड़ते थे और अपने भीतर के बंद पत्तों को दिखा देते थे। तब उनकी सज्जनता के भीतर की दुर्जनता उभर आती थी। तत्कालीन समाज पर उनका दबाव था। वे अपने-आपको विराट संस्कृति के सूत्रधार मानते थे।

फिर आए पादरी। वे गाँव के भीतर आ गए थे। लाल-लाल मुँह के आदमी। गाँव के लोग उन्हें गोरे कहते थे। आते ही उन्होंने पूछा था।

"टुमारे गाँव में स्कूल हय।"

अब कोई भला क्या जवाब देता।

गाँववालों ने इनकार में केवल गर्दन हिलाई थी।

फिर अगला सवाल किया था उन्होंने ?

"टुमारे गाँव में अस्पटाल हय।"

गाँव के लोगों की इनकार में फिर गर्दन हिली थी।

उनका जो भी सवाल होता, उसके बदले में गाँव के लोगों के जवाब सकार के नहीं नकार के होते थे। गाँव में कुछ भी था ही नहीं। सभी कुछ तो भाग्य और भगवान के भरोसे चलता था।

पादरियों के पास किताबें थीं तथा दवाइयों के पैकेट। गाँव-भर में जिन्हें बाँटते चले गए थे वे। डरते-डरते गाँव के लोगों ने वह सब स्वीकार किया था। सात समन्दर और तेरह नदी पार कर आए थे वे लोग। आते ही नगर-नगर तथा गाँव-गाँव में रच बस गए थे पादरी। वे केवल हँसते थे, मुस्कुराते थे और बिना किसी हिचकिचाहट के हर जाति के आदमी से हाथ मिलाते थे। उससे कुछ माँगते नहीं थे बल्कि उसे देते थे। जीसस क्राइस्ट के छोटे-छोटे चित्र थे उनके पास। जिन्हें बाँटते हुए चलते थे वे। कुछ लोग उत्सुकता से उन्हें देखते। कभी डरते तो कभी सामने आ जाते झिझकते से। पादरी किसी-किसी के सर पर हाथ फेर देते। जैसे आशीर्वाद देना चाहते हों। पादरी गाँव में ठहरे नहीं। उसी दिन चले गए। वे गाँव में मेहमान बनकर नहीं आए थे। सारा संसार उनका था। उनके साथ घोड़े थे और घोड़ों पर लदा सामान। पर गुसाईयों की तरह उन्होंने किसी से कुछ लिया न था। न भीख न लत्ता, न कपड़ा। न ही अन्य कुछ। वे जगह-जगह घूम रहे थे और मूल भारतीयों से मिल रहे थे। ऐसे भारतीयों से, जो शहरों के हाशिए पर रहते थे। गाँवों से अलग उनकी बस्तियाँ थीं। जातियों से अलग उनकी जातियाँ थीं। पर उनके भीतर विषमता न थी। उनकी भाषा मधुर थी, उन्हें क्रोध नहीं आता था। वे लोगों से हँस-हँसकर बातें किया करते थे। बातचीत में शामिल होनेवाला उनके पक्ष में हो या विपक्ष में, पादरी हमेशा दोनों पक्षों से सहज ही बातें करते थे। वे उदार थे और सभी तरह के प्रपंचों से दूर रहते थे, जादू-टोना भी नहीं करते थे। उनकी बातें सीधी और समझ में आनेवाली होती थीं। न वे स्वयं मूर्ख थे और न ही वे लोगों को मूर्ख बनाते थे। उनकी अँगुली भारतीय समाज में गहरे तक रची-बसी जाति प्रथा की विसंगतियों पर थी। उनकी निगाहों में मानवीयता का व्यवहार ही सबसे महत्त्वपूर्ण कार्य था। भारत में दलितों की स्थिति को बहुत नजदीक से देखा था उन्होंने। वे उन्हीं परिस्थितियों में सुधार

चाहते थे। महिलाओं की स्थिति तो और भी खराब थी। वे अपने ही घर में दूसरे दर्जे की नागरिक थीं। घर-घर में अनगिनत देवता थे। जिनके भोग की साधन थीं वे। विराट संस्कृति में सबसे नीचे के पायदान पर थीं औरतें।

जहाँ गाँव में पादरियों के आने का अर्थ नए अध्यायों को खोलना था वहीं बौद्ध धर्म के अनुयायियों का उद्देश्य समाज में परिवर्तन लाना था। बौद्ध प्रचारक सामाजिक न्याय के लिए गाँव-गाँव घूम रहे थे। उसी गाँव में फिर आए दो बौद्ध भिक्खू। उनके साथ न कोई घोड़ा था और न ही खच्चर, हाथी तथा ऊँट। उनके पास अपना सामान भी अधिक न था। बौद्ध भिक्खू जन चेतना के वाहक थे। वे परिवर्तन के सूचक थे और क्रान्ति के सूत्रधार। वे आम लोगों की भाषा में धारा-प्रवाह बोलते थे। उन्होंने भी वैसे ही सवाल किए, "तुम्हारे गाँव में पाठशाला है ?"

उत्तर में गाँववालों ने इनकार किया था। पर झलकारी ने अलग तरह से अपनी बात कही थी, "पाठशाला तो है।"

आश्चर्य हुआ था सुनकर दोनों भिक्खुओं को। उनमें से एक ने धीमे स्वर में पूछा था, "तुम्हारी बात हमारी समझ से बाहर की है। थोड़ा स्पष्ट कहें बालिका।"

झलकारी ने पुनः साहस कर कहा था, "बामन अपने घर पर पढ़ाव हतो।"

दूसरे भिक्खू ने पूछा था इस बार, "तुम्हें नहीं पढ़ाता वह ?"

झलकारी ने संक्षिप्त जवाब दिया था, "नई।"

इस बार दोनों भिक्खुओं ने पूछा था, "क्यों ?"

झलकारी का दो टूक जवाब था, पर आवेश भरा हुआ, "वे कउत पढ़वौ तुमाओ काम नई।"

इससे पहले कि दोनों भिक्खुओं में से कोई बोलता झलकारी के पिता कह उठे, "मोड़ी काए टंटा करई है। जै तो हमाय भाग की बात है।" झलकारी से रहा न गया, "काये कौ भाग हय, वे पढ़ै-लिक्खैं और हम नइ।"

बीच में आ गई थी माँ, "मौड़ी घनी रार मत करै। जैसई रीत वैसइ गीत।"

तभी पिता बोल उठे थे, "हमाय घर कोई आए हैं उनै कछु खाने कू दैय य्यै रार खतम करौ।"

तभी एक भिक्खू ने पूछा था, "तुम्हारा नाम क्या है बेटी ?"

थोड़ा शर्माते हुए जवाब दिया था उसने, "झलकारी।"

पल-भर में ही झलकारी घर के भीतर चली गई थी। उसके जाने के बाद दूसरे भन्ते ने कहा था, "बड़ी अच्छी बेटी है।"

सुनकर लहकारी बाई बोली थी, "लड़क्कू।"

इस बार पहला भिक्खू बोला था, "नहीं, तुम्हारी बेटी चेतन है, हिम्मतवारी है।"

थोड़ी देर बाद ही झलकारी दो थालियों में भोजन ले आई। दोनों भिक्खुओं ने जैसा भी

रूखा-सूखा भोजन था उसे खुशी से स्वीकार किया। जाते हुए उन्होंने अप्पदीप भव कहा। जिसका अर्थ था अपना दीपक स्वयं बनो।

उनकी बस्ती में वे पहले भिक्खू थे जिन्होंने घर के आँगन में बैठकर भोजन किया था। घर में सभी को अच्छा लगा था। वे बिल्कुल सीधे-सादे थे। उनके भीतर कोई छुपाव-दुराव न था। वे न सुविधाभोगी थे और न कुंठित। उनके हृदय विराट थे। वे मानवीय संस्कृति के उद्घोषक थे। जन-जन में मानवीयता की खुशबू फैलानेवाले बुद्ध के अनुयायी थे। किसी भी जाति के व्यक्ति को अपने सीने से लगानेवाले थे वे। उनके लिए राजा और रंक में कोई अन्तर न था। वे राजाओं की चिरौरी नहीं करते थे। औरत उनके लिए सम्मान का प्रतीक थीं। वे उनकी इज्जत करते थे। वे रंगशालाओं में जाने के भी शौकीन नहीं थे। अगर उन्हें कोई लगाव था तो मनुष्य और मनुष्यता से। वे सदैव विचार प्रवाह के हिमायती थे और रूढ़ियों, परम्पराओं, जातियों के विरोधी थे। उनके भीतर स्पन्दन था। ठहरे हुए पानी की तरह सड़ाव नहीं।

झलकारी विवाह की उम्र में थी। हालाँकि विवाह योग्य नहीं थी। इन दोनों स्थितियों में अन्तर था और विरोधाभास भी। तत्कालीन भारतीय समाज विवाह की उम्र को वरीयता देता था। कोई विवाह योग्य है या नहीं, इसके प्रति लोगों के बीच न चिन्ता थी और न वैसी समझ। सामाजिक सरोकार बस इतना भर होता था कि लड़की या लड़के का विवाह हो जाए। अधिकांश विवाह बचपन में ही होते थे। कुछ विवाह तो जन्म से पहले ही हो जाते थे। गर्भ में पल रहे बच्चे के विवाह का होना तो आम बात थी। विवाह एक सामाजिक रस्म थी, पर ऐसी रस्म विशेष तौर से लड़कियों को कच्ची उम्र में आग में झोंकने का काम ही अधिक करती थी। वैसे समाज में जागृति आ रही थी, पर जागृति की हवा मन्द-मन्द बहती थी। बचपन के विवाह लगभग सभी को मान्य थे। झलकारी के परिवार में भी यही मान्यता थी कि उसका विवाह अब हो जाना चाहिए।

भोजला गाँव में कोरी जाति से एक ही परिवार था। शेष जातियों के लोगों से उनका संवाद तो था लेकिन उनसे कम बात ही हो पाती थी। कभी-कभी दूसरे गाँव से उनके सजातीय लोग आते थे। तब काम-धन्धे से लेकर विवाह आदि की बात छिड़ती थी। जातियों के बीच महत्वपूर्ण संपर्क सूत्र थे जन्म, मरण, विवाह और व्यवसाय। इन्ही सबके लिए एक जाति के लोग परस्पर मिलकर बैठते थे। उनमें मैं से हम की भावना आती थी। भोजला गाँव के पास ही एक और गाँव था। जिसका नाम बूढ़ा गाँव था, उसी गाँव से धन्ना नामक एक व्यक्ति आया था। उम्र होगी यही साठ वर्ष, पर शरीर में अभी फुर्ती थी। लाठी के सहारे गाँव-गाँव घूमता था। घर के पास आते ही पुकारा था उसने, "सदोवा हौ का ?"

भीतर कपड़ा बुनते हुए सदोवा ने उसकी आवाज से पहचान लिया था। वही जानी-पहचानी आवाज। झलकारी और उसकी माँ दोनों किसी काम से बाहर गई थीं।

स्वयं बाहर आना पड़ा था सदोवा को। घड़े से पानी देते हुए पूछा, ''कओ कक्का कैसन पधारबो ?''

पानी पीकर खाली गिलास जमीन पर रखते हुए धन्ना ने जवाब में कहा था, ''तै तो हातन पै हात धरे बैठो। मोखौ तो चिन्ता है। मौड़ी के जब तक हात पियरे होय तब तक...।''

सदोवा ने उसकी हाँ में हाँ मिलाते हुए धीमे स्वर में इतना ही कहा था, ''मौंसे बड़े हो इसलिए...।''

एक पल धन्ना ने देखा था सदोवा की ओर, फिर बोला था वह, ''तई सौ मौं से न रय गओ।'' सुनकर केवल हुँकार भरी थी सदोवा ने।

धन्ना फिर बोला, ''झाँसी गओ तो अबई।''

सदोवा के भीतर जिज्ञासा फूटी थी। उसके होंठों से निकल पड़ा, ''फिर।''

धन्ना ने असली बात पर आते हुए कहा था, ''अबई भला सा लड़का देख आया हूँ मोड़ी के लिए।''

सदोवा के मुँह से निकला, ''हओ।''

जैसे उसे कुछ याद आ गया था। पलभर बाद पूछा था, ''नाव का हय ?''

धन्ना ने जवाब दिया था, ''पूरन।''

सदोवा ने फिर पूछा था, ''का कत्त ?''

जवाब में बोला था धन्ना, ''मलखम्ब, कसरत करत मुगदर भाँजत।''

सदोवा ने इस बार सवालिया अंदाज में कहा था, ''पर जा सै तो पेट न भरई।''

तुरन्त जवाब तैयार था धन्ना की ओर से, ''कोरी है चाकर नइ याँ हाँतन के कारीगर, सूत कातबौ उन्ना बनाबौ।'' सुनकर अच्छा लगा था सदोवा को। इस बार उत्साहित स्वर में पूछा था, ''उमर कितेक हुवै ?''

धन्ना ने बतलाया था, ''दस बारा हुवै।''

कुछ देर उन दोनों के बीच शान्ति रही। अब की धन्ना ने कुछ सोचते हुए बाहर की तरफ देख कर पूछा था, ''मोड़ी कितेक की हुवै ?''

संक्षिप्त जवाब दिया था सदोवा ने, ''दसवें बरस में लग्ग गई।''

सुनकर आश्चर्य के स्वर में धन्ना बोला था, ''का कै रयै ?''

धन्ना के भीतर कहीं खटका हुआ था। पूछ बैठा सदोवा, ''का भव ?''

धन्ना ने पुनः कहा था, ''कछु नई, पर उमर तो मोड़ी की बलात है गई।''

उदास भाव से बोला था सदोवा, ''का करौ कक्का, हमई हालत तो तैं जानौ है।''

गम्भीर स्वर उभरा था धन्ना का, ''पर मोड़ी दसवें बरस में लग्ग गई...।''

इस बीच सदोवा ने चुप्पी साध ली।

थोड़ा ठहर धन्ना फिर बोला था, ''धनी उमर है गई।''

जैसे उसे कुछ याद आ गया था, ''महूँ तो मोड़ी की उम्र आठ बरस बताई।'' बीच में कहा था सदोवा ने, ''का भऔ कक्का आठ-नौ मैं।''

आश्चर्य के स्वर में धन्ना बोला था, "का कऔ आठ-नौ में, पर उमर तो दस बरस है गई।"

तभी सदोवा ने अपने स्वर को थोड़ा मुलायम बनाते हुए कहा, "दस बरस की कां भई अबई तो नौ की है और तुमने आठ की बताई। अब एकै की तो बात है।"

उसी समय झलकारी अपनी माँ के साथ आ गई। धन्ना सदोवा के साथ कोठरी के भीतर बैठा था, लेकिन उसकी आँखें बाहर की ओर ही लगी थीं। आहट होते ही उसने अपने अनुभव की आँखों से देखा था झलकारी की ओर। उसने महसूस किया सदोवा ठीक कहता है। उसने पूरन के कक्का को लड़की की उम्र आठ बतलाई और वह अभी नौ की हुई है। झलकारी सुन्दर है, सुशील है और सबसे बढ़कर बात यह कि बहादुर है। उसके द्वारा बाघ मारने की घटना की गूँज झाँसी में रह रहे कोरियों की बस्ती तक पहुँच गई थी। इस बात को स्वयं पूरन के घरवालों ने कहा था। सुनकर अच्छा लगा था धन्ना को। बात पक्की-सी ही समझ वह पूरन के घर से लौटा था। थोड़ा आश्वस्त हो वह यहाँ आया था। बात यहाँ भी पक्की हो गई थी। अब वह पूर्ण रूप से आश्वस्त था।

पूरन और झलकारी की जोड़ी ठीक रहेगी। इसी विश्वास के साथ उसने सदोवा से विदा ली थी। धन्ना खुश था। इस बरस में उसके द्वारा यह पहला रिश्ता था। खुश सदोवा भी था। कौन बाप नहीं चाहता कि उसकी बेटी के हाथ जल्दी से जल्दी पीले कर दिए जाएँ। कितनी बार गाँव के दो-तीन लोगों ने टोका-टाकी की थी, "मोड़ी की बलात उमर हो गई है तै दिखाई नई देत।" औरतें अलग खुसर-पुसर करती थीं। गाँव भी तो छोटा था। आबादी कम थी। इसलिए बेल की तरह बढ़ती लड़की सबको दिखाई देती थी। किसी भी जाति के स्त्री-पुरुष हों, इस मामले में उन सबका एक स्वर हो जाता था।

घर-गृहस्थी का काम खत्म हुआ तो रात में सदोवा ने झलकारी की माँ से ब्याह की बात आगे बढ़ाई, "झलइया के लाने कक्का आय ते।"

सुनकर पूछा था लहकारी ने, "वा के घर, माँ-बाप, का करौ है ?"

जवाब दिया था सदोवा ने, "अपनोई काम कत्त, घर पै बुनाई का काम होवै है। मोड़ा को कुश्ती और मलखस का भी शौक है। झाँसी शहर के नए पुरा में रहनास है।"

तभी लहकारी बोली थी, "तुमाय मन भरौ ?"

कुछ सोचकर जवाब दिया था सदोवा ने,

"हाँ हमाय मन भरौ। फिर धन्ना कक्का का गलत रिश्ता बताई ?"

धीरे से कहा था लहकारी ने, "नाय।"

अगले माह में रिश्ता पक्का हो गया। दोनों तरफ की बात पूरी करने की जिम्मेदारी धन्ना की थी। वह विश्वास का आदमी था। अब तक बीस-पचीस ब्याह करा चुका था वह। कहीं कुछ खोंट नहीं मिली थी। दोनों पक्षवाले तैयार थे। न वरपक्षवालों ने वधू को देखा और न ही वधू पक्षवालों की तरफ से कोई वर को देखने झाँसी गया। बिचौलियों

ने जैसी बात जमाई, वैसी ही जम जाती थी। यहाँ भी बात जम गई थी। रिश्ता पक्का कराने में धन्ना ने बिचोलिया की भूमिका निभाई थी। वह स्वयं भी सन्तुष्ट था। दोनों पक्षों के घर परिवार ठीक-ठाक थे।

गाँव में ब्याह की खुश खबरी सब तक पहुँच गई थी। चन्ना-रमची ने एक दिन घर आकर कहा, "झलकारी बहन, भोजला के जंगल मैं तो बाघ मार दयो, झाँसी मैं का मारोगी ?" सुनकर तत्काल कहा था झलकारी ने, "वा जगै तो गुरवन* को मारौ।"

थोड़ा आश्चर्य में पूछा था दोनों ने, "कौं ?"

जवाब दिया था उसने, "देखत नई, कैसे लसकरन सात चकत एकइ साथ सूधो हात आगे कत्त एकइ साथ डेरो, पाँव आगे कत्त। सबके-सब लाल लंगूरा।"

उस दिन चन्ना-रमची ने झलकारी की बात मजाक में ली थी। पर किसे मालूम था कि वही बात एक दिन सच हो जाएगी। और सच होकर इतिहास बन जाएगी ऐसा इतिहास जिसमें से दलितों की गौरव-गाथा उभरेगी। गाँव में कुछ माह पहले आए बाबा ने भी तो कहा था, "झलकारी इतिहास बनाएगी।" वह नए युग का निर्माण करेगी। महिलाओं की फौज बनाएगी। उन्हें लड़ना सिखाएगी।

झलकारी और पूरन का विवाह एक-दूसरे का पूरक था। दोनों सजातीय थे और सबसे बढ़कर बात यह कि वे एक-दूसरे को मान-सम्मान देते थे। भारतीय समाज में गरीब लोगों की यही तो पूँजी थी। वे धन-दौलत के भूखे न थे। मान-सम्मान को तरजीह देते थे। वे मेहनत करते और दो वक्त की रोटी मिल जाए, इसी में सन्तुष्ट रहते थे। उन्हें महल-दुशाले नहीं चाहिए थे। न ही वे किसी की जागीर के भूखे थे। रोज कुआँ खोदना और रोज प्यास बुझाना उनका काम था। मेहनत करना ही उनकी पूजा थी।

विवाह के पश्चात् झलकारी ने ससुराल आते ही भीतर और बाहर का कार्य कुशलता से सँभाल लिया था। सुबह उठते ही वह हाथ-चक्की चलाती। कुएँ से तीन-चार मटकी पानी लाती। फिर राँटा कातती और पति के ताने-बाने के काम में सहयोग करती। घर में किसी तरह का भी काम हो, वह मेहनत से जी नहीं चुराती थी। घर-परिवार के साथ आस-पड़ोस की महिलाएँ भी उससे खुश थीं। इसका सबसे बड़ा कारण यह था कि वह अभिमानी न थी, पर स्वाभिमानी जरूरी थी। सदैव स्वयं खुश रहती थी और दूसरों को राजी-खुशी देखना चाहती थी।

झाँसी में कोरी जाति के घर अधिक न थे। जितने घर थे उनमें कपड़ा बुनने का काम ही होता था। कपड़ा बुनाई का काम साधारण भी होता था और रंग-बिरंगा भी। कभी घर से आकर ही लोग कपड़ा ले जाते थे तो कभी पूरन को कपड़ा बेचने बाजार जाना पड़ता था। सप्ताह में एक दिन सोम हाट लगती थी। पूरन बुना हुआ कपड़ा लेकर

---

* गौर/अंग्रेज।

उस दिन जरूर जाता था। पर झलकारी बाजार नहीं जाती थी। वैसे भी झाँसी के बाजार में स्त्रियों के द्वारा सामान बेचने का रिवाज कम था। मुस्लिम महिलाएँ तो बहुत कम बाहर निकलती थीं। वे बुरके में रहती थीं। वैसे कभी-कभी हिन्दुआनी महिलाएँ भी बुरके जैसे कपड़े का प्रयोग करती थीं। पर वह सफेद रंग का होता था। जागीरदारों तथा सेठों के परिवारों की महिलाएँ डोली तथा पालकियों में आती-जाती थीं। ओहदे के आधार पर उनके आगे-आगे पैदल सैनिक तथा घुड़सवार सैनिक दोनों होते थे। कुछ पालकी ढोनेवाले हटो-हटो की आवाजें देते थे। नगर की प्रजा में आम और खास दोनों तबके के लोग थे। झाँसी का नगरीय समाज सभी तरह के रंगों से रचा-बसा था। हर रंग का अपना अलग महत्त्व था। गरीब अपनी गरीबी में सन्तुष्ट थे और अमीर अपनी अमीरी में फूले नहीं समाते थे। पर एक दूसरे के बिना किसी का काम नहीं चलता था। शहर को जितना अमीर उमराव की जरूरत थी उतना ही गरीब लोगों की भी।

झाँसी उन दिनों उत्तरी भारत का समृद्धशाली शहर था। शहर बहुत बड़ा नहीं, पर छोटा भी न था। झाँसी में जल भी था और जंगल थी। नदी दूर थी। नदी के नाम पर दक्षिण में धुबिया नाला था, जो झाँसी तथा ओरछा राज्य की सीमा रेखा माना जाता था। तथा दक्षिण पश्चिम में गढ़िया गाँव की ओर पहूज नदी थी। किले के पास पंचकुइयाँ थीं। जिसका सम्बन्ध झाँसी किले के अन्दरवाले कुएँ से था। पास ही पानी की धर्मशाला जल का बड़ा साधन थी। उत्तर पूर्व में लक्ष्मी ताल तथा पिसनारी का ताल और उत्तर में नारा शंकर का कुआँ था। लक्ष्मी ताल के दक्षिण सिरे पर महालक्ष्मी का मन्दिर था। इस मन्दिर के चौपड़े में सखूबाई ने अपने ही लड़के का वध करने के लिए भाले गड़वाए थे। झाँसी में कब्रों का सिलसिला भी खूब था। लच्छो की कब्र आंतियाताल के बन्ध के नीचे मेहँदी बाग में थी। वहीं झाँसी के सदर अस्पताल के अहाते में गजरा की कब्र थी। लच्छो और गजरा दोनों वेश्याएँ थीं तथा पूर्व राजाओं की मुँह लगी भी। उनके नाज-नखरे उठाने को वे हर वक्त तैयार रहते थे।

नजदीक पोखर थे और कुएँ भी। यहाँ जलावन की लकड़ियाँ आसानी से मिल जाती थीं। उनके लिए जंगल जाना नहीं पड़ता था। झलकारी के गाँव में बाजार न थे। यहाँ बड़े-छोटे मिलाकर सात-आठ बाजार थे। दो-तीन बाजारों से सटी हुई बनियों की हवेलियाँ थीं। बजाजा समृद्धशाली बाजार था। समृद्धशाली शहर होने के बावजूद दरिद्रों के साथ दरिद्रता भी थी। मन्दिर उनके आश्रय स्थल थे। शहर में मन्दिरों की भरमार थी। पर स्कूल यहाँ पर भी न था। धनाढ्य लोगों के बच्चों को पढ़ाने का प्रबन्ध स्वयं उनके घरों पर होता था या फिर मठों में। मठों पर ब्राह्मणों का प्रभुत्व था।

राजा नाट्यशास्त्र का ज्ञाता तथा मंच विद्या का अनुभवी था। रंगशाला में नाटक उसके बीच रचा-बसा होता। रानी स्वर्णिम पालकी में चढ़कर महालक्ष्मी के मन्दिर में पूजा करने जाती। मन्दिर के नौबतखाने में शहनाई बजतीं। ऐसे समय पर मन्दिर के आसपास

झुंड के झुंड भूखे, नंगे, भिखारी उनकी प्रतीक्षा करते। उन्हें रोटी मिलती, कपड़ा मिलता और पैसा भी। देनेवाले को सन्तोष मिलता और लेनेवाले को रुपया पैसा कपड़ा-लत्ता। गरीब-गुरबा, साधू-फकीर खुशी-खुशी ढेरों आशीश देते हुए फिर अपनी-अपनी जगह रम जाते। उनमें से कुछ अपने डेरों की तरफ लौट पड़ते। नगर के धार्मिक स्वभाव का यह भी एक हिस्सा था। लेकिन बहुत महत्त्वपूर्ण था। राजा रानी का इन्हें भरपूर आश्रय था। दान-दक्षिणा भी खूब मिलती थी।

परकोटे के बाहर घना जंगल था और टोरिया भी थीं। दक्षिण दिशा के परकोटे के बाहर अंग्रेजों का छोटा सा पड़ाव था। नाम था स्टार फोर्ट। जहाँ सैन्य अधिकारियों के बँगले थे। तब तक सेना की छावनी न बनी थी झाँसी में। वैसे कारागार जरूर थी। इसका नाम स्टार फोर्ट क्यों रखा गया। इसलिए कि इसकी बनावट एक छोटे तारे जैसी थी। इसको अधिकांश रूप में गोला-बारूद, रसद और अस्त्र-शस्त्र आदि के रख-रखाव के लिए प्रयोग किया जाता था। शहर में अंग्रेज बहुत कम संख्या में थे, पर दबदबा था उनका। राजा तक उनकी अनदेखी नहीं कर सकता था। शहर के अधिकांश लोगों का स्वभाव भी राजा के अनुरूप ही था। मेजर एलिस तथा कैप्टन गार्डन यहाँ ईस्ट इंडिया कम्पनी के पालिटिकल एजेंट थे। उनका दरबार से लेकर रंगशाला तक में प्रवेश था। झाँसी के भूगोल से लेकर राजनीतिक मौसम पर उनकी कड़ी निगाह रहती थी। दरबार के कई भेदिए उन्हें जानकारी देते रहते थे। वे उनसे अच्छी बख़्शीश भी पाते थे। इन अंग्रेज पालिटिकल एजेंटों को कई सिंहासन बनाने तथा मिटाने के अच्छे-खासे अनुभव हो चुके थे। इसका कारण था असन्तुष्ट राजा, रानियों के साथ सामन्तों, जागीरदारों, नवाबों तथा बेगमों से इनकी तालमेल होना। अंग्रेजों की ड्योढ़ी पर सलाम मारनेवाले ऐसे अनेक थे। उन्हें इनाम जो मिलता था। तमगे और आश्रय भी प्राप्त होता था।

राजनीति की दृष्टि से जहाँ झाँसी का महत्त्व था वहीं व्यापारिक क्षेत्र में भी झाँसी किसी से कम न थी। मऊ से झाँसी, झाँसी से कालपी होकर कानपुर और आगरा से सागर—इन तीन व्यापारिक मार्गों से होकर घोड़ों और ऊँटों की पीठ पर लदकर बाहर से खाद्यान्न आया करता था। इसके अलावा घोड़े और हाथियों के व्यापारी भी यहाँ आते रहते थे। अच्छी नस्ल के घोड़ों में राजा की रुचि होती थी। झाँसी हाथी-घोड़ा बेचने की मुख्य मंडी भी थी। बुन्देलखंड में मराठी वंश की स्थापना होने के पहले झाँसी में नेवलकर वंश आ गया था। इसी नेवलकर वंश की बहू होकर झाँसी में आई थी रानी लक्ष्मीबाई। बुन्देलखंड बुन्देलों का राज्य था। बुन्देल बहादुर तो थे ही साथ ही अपनी आन के पक्के भी। बताया जाता है कि राजा रुद्रप्रताप ने ओरछा की स्थापना की थी। रुद्रप्रताप के पौत्र वीरसिंह देव ने ही झाँसी के किले का निर्माण कराया था। झाँसी पहले ओरछा राज्य में ही आती थी। जनश्रुति यह है कि वृद्धावस्था होने पर वे दतिया से झाँसी की तरफ देखकर किला नहीं देख सके और बोले, "आँखों में पूरी झंई सी भर रही है।" इसी आधार पर राज्य का नाम हो गया झाँसी।

जब तक झाँसी ओरछा राजा के अन्तर्गत रही, झाँसी के मान-सम्मान की चिन्ता

हिन्दू राजाओं को रही। झाँसी के साथ बने उनके रिश्तों में प्रगाढ़ता भी आई। झाँसी कोई ईंट-पत्थरों का शहर तो नहीं था। बुन्देलों के रक्त से सींची गई झाँसी में बहुत कुछ था। उसकी अपनी एक अस्मिता और पहचान थी। झाँसी के लोगों को भी यह सब ध्यान रहता था। उन्हें अपने नगर से लगाव था। 1817 आते-आते ईस्ट इंडिया कम्पनी की दखल न केवल झाँसी में बल्कि आसपास के इलाकों में होने लगी थी। पेशवाओं को कब यह गुमान था कि ईस्ट इंडिया कम्पनी के साथ हुई सन्धियाँ एक ऐसा गुल खिलाएँगी कि ब्रिटिश साम्राज्य की प्रचंड धूप में उनकी आन, बान तथा शान सभी कुछ झुलस जाएँगी। वे रह जाएँगे सिर्फ मोहरे, जिन्हें अंग्रेज जहाँ-तहाँ इस्तेमाल करेंगे। वैसे उन्होंने स्वयं को इस्तेमाल कराने की पृष्ठभूमि तो 1804 में ही बना ली थी जब शिवराव भाऊ के साथ ईस्ट इंडिया कम्पनी की सन्धि हुई थी।

कर्नल श्लीमन अक्सर बुन्देलखंड के अन्य राज्यों से तुलना करते हुए झाँसी को रेगिस्तान में नखलिस्तान* कहा करता था। 1832 में विलियम बैंटिक स्वयं झाँसी आया था। उस समय महाराजा रामचन्द्र राव की देख-रेख में झाँसी को सजाया गया था। राजा ने अंग्रेजों की मेहमाननवाजी में कोई कोरकसर नहीं रख छोड़ी थी। झाँसी राज दरबार में अंग्रेजों की जी हुजूरी करनेवालों की भीड़ थी। वे एक दूसरे को नीचा दिखाते और अपनों के ही खिलाफ ईस्ट इंडिया कम्पनी के अधिकारियों के पास छोटी-छोटी शिकायत करने पहुँच जाते।

महाराज गंगाधर राव शान-शौकत में किसी से कम न थे। उन्होंने सिंहासन पर जो अधिकार पाया था, वह किसी बलिदान के कारण नहीं मिला था। बल्कि अंग्रेज प्रतिनिधियों के चरण पकड़कर मिला था वह राज भोग। उसे भोगना ही उनका उद्देश्य था। वे आमोद-प्रमोदों, राग-रंग में डूबे रहते। कभी स्त्रियों की वेशभूषा, ओढ़-पहन उसमें खो जाते। स्त्रियों के आभूषण, अलंकार पहनते। अपने आपको स्त्री समझ वैसी ही हरकतें करने लगते। रंगमहल में संवाद बोलते और स्वयं सुनते तथा दूसरों को सुनाते। सच कहा जाए तो वे नाट्यशाला के सूत्रधार थे। उसी में डूबे रहते। उनकी नाट्यशाला में नृतकी भी आती और वेश्याएँ भी। वही उनका संसार था। मुँह लगे दरबारी तथा सैनिक उनके आसपास होते। राजा की ऊल-जलूल हरकतों पर वे भय के कारण हँसते तो न थे, पर कनखियों से एक दूसरे साथियों को इशारा कर राजा का मजाक जरूर उड़ाते। राजा था ही इस काबिल। बीच-बीच में राजा तालियाँ बजाने लगता। ठुमके लगाकर नाचता। नगर के श्रेष्ठ पुरुष यह सब देख-सुनकर अपना माथा पीटते और स्वयं बुदबुदा उठते। राजा को यह क्या हो गया है। राजा है या भड़ेसी। जहाँ नगरवासियों के मन में राजा के प्रति उदासीनता आ गई थी वहीं सैनिकों में न अनुशासन रहा था और न राजा के प्रति स्वामी भक्ति। राजा स्वयं अपनी प्रजा के प्रति स्वामी भक्त कहाँ था। उसने तो बाहरी मामलों की बागडोर अंग्रेजों के हाथों सौंप दी थी। आन्तरिक मामलों

* Oasis in a desert.

में थोड़ा-बहुत दखल था। राजकाज चलाने में वे कम रुचि लेते थे। घोड़ों और हाथियों को ईख और जलेबी खिलाई जाती। रैयत को रोटी भी मिलती या नहीं, इसकी खबर उन्हें नहीं होती। झाँसी के बाहर वे कम ही निकलते थे, निकलते तो गया में पितृपुरुषों का तर्पण करने और प्रयाग तीर्थ में स्नान के लिए जाया करते थे। वही उनका धर्म था और वही कर्म। दैवनन्दिन जीवन के आचार-व्यवहार धार्मिक नियमों से प्रभावित होते थे। पर यही तो सब कुछ नहीं था। राजा की जिम्मेदारी तो माँ के समान होती थी। राजा ने माँ बनने का प्रयास तो किया था, पर महज लोरी सुनाने से तो काम नहीं चलता था। राजा में न माँ की ममता थी और न ही उतनी उदारता।

जनता जनार्दन की राजा से आशाएँ तो बहुत थीं। जबकि राजा केवल हुक्मरानों की भाषा जानता था। जनता की भाषा सुनने के लिए कोई जहाँगीरी इंसाफ की घंटी भी न थी दरबार में। अलबत्ता मन्दिरों में घंटियाँ बहुत-सी बजती थीं। वहाँ विचौलियों की पहुँच थी। मन्दिरों से रैयत को दिलासा तो मिलती थीं, पर आस कहाँ पूरी होती थी। झाँसी में विघटन की प्रक्रिया कई स्तर पर चल रही थी। वह विघटन सामाजिक भी था और राजनीतिक स्तर पर भी। रनवास से लेकर वेश्याओं के कोठों तक यही प्रक्रिया बदस्तूर जारी थी। बेगमों के तकियों में जितनी झुर्रटें थीं उससे अधिक स्वयं उनके भीतर भरी थीं। नवाबों के भीतर उच्छृंखलता थी। राजा स्वयं कभी-कभी उच्छृंखल हो जाते। ऐसे समय पर तात्या उन्हें समझते। हिन्दू धर्म के आचार-विचार बतलाते। हिन्दू समाज की विराट संस्कृति की कथा सुनाते। वेद, पुराणों की दुहाई देते पर राजा को रास-रंग के अभाव से उपजी बेचैनी के क्षणों में कुछ पल्ले नहीं पड़ता था। आनन-फानन में वे मुजरेवालियों को बुला डालते। यहीं तक उनकी पहुँच थी।

सुसंस्कृत और रंगीले राजा के ऐश्वर्य से उत्पन्न राज्य में महँगाई के दबाव और अतिरिक्त करों के बोझ से थकी-हारी जनता की पीठ पर फिरंगी चाबुक की मार भी पड़ती थी। शहर के चन्द पढ़े-लिखों की जमात को लगता था कि झाँसी में कहीं कुछ ठहर-सा गया है। वही ठहरा हुआ अहसास एक-एक व्यक्ति के भीतर घर करने लगा था अब, सिवाय सात समन्दर और तेरह नदियाँ पार कर आए हमलावरों के।

मछरिया, जात से भंगी, पर भा गई थी नारायण शास्त्री को। हिंदू समाज की वर्ण व्यवस्था से उसका कद छोटा था, लेकिन रूप और लावण्य के आधार पर देखा जाए तो वह बामनियों, ठकुराइनों को भी मात देती थी। शास्त्री उसकी एक-एक अदा पर मरते थे। लोग उन्हें शृंगार शास्त्री कहते थे। स्वयं वे शृंगार प्रिय थे तो मछरिया कैसे शृंगार प्रिय न होती। खूब सज-धजकर रहती थी वह। रूप और यौवन की चासनी में डूबी उसकी भाव-भंगिमा में शृंगार शास्त्री खोए रहते। अधिक गहरे डूबते तो कविता लिख देते। इधर वे मछरिया के सौन्दर्य का रसपान करते तो उधर झाँसी के रसिक उनकी कविताओं को रस ले-लेकर सुनते और सुनते-सुनते झूमने लगते।

शास्त्री का नाम दूर-दूर तक लोग जानने लगे थे। इसके दो कारण थे—पहला कारण तो जगजाहिर था कि वे कवि थे, पर दूसरा कारण आग से भी तेज गति से लोगों तक पहुँचा था। उस खबर ने बहुतों को जलाया था। कुछेक को उनसे द्वेष होने लगा था तो कुछ को घृणा। कुछ को मछरिया और शास्त्री की प्रेम कथा की बात गुदगुदाती थी। वे मजे लेने के लिए परस्पर कहते सुनते थे। शास्त्री ने तत्कालीन दकियानूसी समाज की धारा को उलट दिया था। मछरिया को उन्होंने अपने घर में रख लिया था। दासी या रखैल बनाकर नहीं पत्नी के रूप में। जो सीधे-सीधे ब्राह्मणी समाज को चुनौती थी। शास्त्री उन्हें प्यार से छोटी कहकर पुकारते थे। तन और मन में रच-बस गई थी छोटी उनके। वह पत्नी-प्रेमिका दोनों थी। साथ ही प्रेरणादायक भी। कौन सी कविता ऐसी थी जो छोटी के नयन, नक्श, भाव-भंगिमा, रूप और उसकी चितवन के आसपास न होती थी।

झाँसी के रूढ़िवादी लोग उस अन्तर्जातीय दम्पति से जले फुंके रहते थे। वे हर समय किसी न किसी अवसर की तलाश में रहते थे कि कैसे उन्हें नीचा दिखाया जाए। नाट्यशाला हो या राजदरबार जहाँ भी उन्हें अवसर मिलता वे नारायण शास्त्री की जी भर बुराई करते थे। कोई उसे धर्मद्रोही कहता। कोई कहता कि मछरिया ने एक ब्राह्मण को पतित कर दिया। उस पर जंगली कुत्ते छोड़े जाने चाहिए। उसके टुकड़े-टुकड़े कर चील-कौवों को खिला देने चाहिए। चांडाल की जनी और ब्राह्मण के घर घुस गई। उसे जरा भी आचार-विचार का ध्यान न रहा।

झाँसी में अन्तर्जातीय विवाह की शायद यह पहली घटना थी। जिसे झाँसी के कूपमंडूक सवर्ण दुर्घटना बनाने पर तुले थे। कम्पनी सरकार की वहाँ सीधे दखल नहीं थी। वैसे भी झाँसी हिन्दू रियासत थी। कम्पनी सरकार के झाँसी में रह रहे पालिटिकल एजेंट केवल ऐसी खबरों को सुनकर अपनी डायरी में दर्ज कर लेते थे। कभी जब उन्हें समय मिलता तो राजा से अकेले में बात किया करते थे। राजा भी इस बात से अनभिज्ञ न थे कि वे शास्त्री के हाव-भाव, उनके व्यवहार तथा प्रवृत्ति को अच्छी तरह से जानते-समझते थे। पर उन पर सीधे-सीधे हाथ डालते हुए घबराते थे। यहाँ तक कि उन्हें डाँट-डपट भी नहीं सकते थे। कोई छोटी जात से होता तो अब तक कई बार हड़का भी देते। उसे दंड भी दे देते। अधिक हुआ तो लोहे की मछली के कोड़े से ठुकवा देते। इससे भी ज्यादा की बात हो तो बिच्छू से कटवा देते। राजा के लिए दंड देने की कोई सीमा नहीं थी। पर वर्ण-व्यवस्था ने राजा को भी सीमा में बाँधा हुआ था। ब्राह्मण से कैसे निबटे। उनके लिए यह विकट मामला था। जितना इस मसले पर सोचते उतना ही वे उलझ जाते। शास्त्री जाति श्रेष्ठ ब्राह्मण थे। दंड का उनके लिए कोई भी नियम, विधान न था। राजा अपनी मर्जी से दंड बना नहीं सकते थे। उन्हें लोक मर्यादा का भय था। उस मर्यादा का उल्लंघन करना उनके धर्म के खिलाफ था। धर्म उन्हें इसकी आज्ञा नहीं देता था। पर उनके साम्राज्य की मर्यादा जब भंग हुई और लोकाचार गड़बड़ाने लगा और मान-सम्मान को ठेस पहुँची। लोगों ने हिन्दू राज की जगहँसाई की और कुछ

सनातनियों ने जब राम राज की दुहाई दी तो उनकी आँखें खुलीं।

उन्हीं दिनों झाँसी में जनेऊ प्रसंग खड़ा हो गया। जो नगर भर को उत्तेजित किए बिना नहीं रहा। जनेऊ पहनना कुछ के लिए हिन्दू धर्म के मान-सम्मान का सवाल बन गया वहीं कुछ लोगों के लिए जातीय आधार पर समस्या। शूद्रों को इसलिए सताया जाने लगा कि उन्होंने भी जनेऊ पहनना शुरू कर दिया था। जबकि सवर्णों के लिए जनेऊ पहनना सामाजिक और श्रेष्ठता का प्रतीक था। वे ऊँचे थे तथा शेष नीचे। जो नीचे थे उन्हें जनेऊ पहनने की मनाही थी। इसके बावजूद उन्होंने जनेऊ पहना, वह भी सार्वजनिक तौर पर खुल्लम-खुल्ला। उनकी हिम्मत और अस्मिता का जलवा झाँसी के सवर्णों को उत्तेजित करने के लिए काफी था। सवर्णीय समाज में हड़कम्प मच गया था। हो-हल्ला मचाने वालों की भी कमी न थी। उनके बीच जातीय बोध उमड़ आया था। फिर जनेऊ आन्दोलन शुरू हुआ। न जाने कहाँ से आँधी शुरू हुई थी, पर खत्म होने का नाम न ले रही थी।

इसी बीच आन्दोलन तेज हुआ तो दरबार की ओर से आदेश जारी हुआ। राजा रूढ़िवादियों के साथ हो गया था। लोकाचार का सवाल जो था। नए जनेऊवालों की गिरफ्तारी हुई। किसी को तमोली की दुकान से पकड़ा तो किसी को कोरियों के पास से। जनेऊ पहननेवाले सभी शूद्र थे। यह भी वाद-विवाद का विषय बन गया। कौन शूद्र है और कौन सवर्ण इसका खूब विश्लेषण हुआ। घरों के बाहर चबूतरों पर, बैठकों में, तम्बोलियों की दूकान पर, मन्दिरों में, मधुशालाओं में, पाठशालाओं में, नाट्यशालाओं में, वेश्यालयों में, जहाँ-जहाँ भी पाँच-दस लोग जुड़ते वहाँ-वहाँ ही जनेऊ प्रसंग पर बहस होती। निचली जातियों के लोगों की खूब छिछली होती। आदमी ही नहीं उनकी स्त्रियों पर भी व्यंग्य कसे जाते। यहाँ तक कि शूद्र जातियों में पैदा हुए बच्चों तक को भी नहीं छोड़ा जाता। जनेऊ पहनने वाले अछूत न थे, पर ऐसे शूद्र* थे जिन्हें छुआ जा सके। वे गफलत में थे। अपने-आपको ऊँचे हिन्दू समझने लगे थे। क्योंकि ऊँची जात के हिन्दुओं को उन्हें छू लेने में कुछ विशेष एतराज न होता था। एक ही झटके में शूद्र या पिछड़ों को सब कुछ समझ आ गया था। सछूत होकर अछूतों से वे अपने आपको भले ही बड़े मानने लगे हों, पर ब्राह्मणों, ठाकुरों तथा बनियों से तो छोटे ही थे। बीच में वर्ण-व्यवस्था की थी रेखा, जिसे चाहकर पार नहीं कर सकते थे। पार करने की कोशिश करते तो मुश्किल होती। अन्ततः हुई भी वैसी ही बात। दलितों से अपने आपको बड़ा समझने वाले पिछड़ी जातियों के लोगों को अपनी औकात एक ही झटके में पता लग गई। सवर्ण जातियों के लोगों ने उनकी हवा निकाल कर रख दी। सारी हेकड़ी मिट्टी में मिल गई।

---

* पिछड़ी जातियों से सम्बन्धित।

स्वयं राजा का आदेश था। शूद्रों को जनेऊ मत पहनने दो। अगर पहने तो उनके जनेऊ तोड़कर फेंक दिए जाएँ। साथ ही दूसरा आदेश भी था। वह यह कि ताँबे और लोहे के जनेऊ आग में लाल-लाल कर उन्हें पहनाएँ जाएँ। राजा के आदेश से जात-पाँत, छुआछूत मानने वालों को बल मिला। सैनिकों को ऐसे धर्माधिकारियों ने जनेऊ पहनने वाले शूद्रों को पकड़वाने में मदद की। जिसने भागने का प्रयास किया, उसे पकड़कर और भी बुरा हाल किया गया। किसी को मारा-पीटा गया तो किसी के कपड़े फाड़ डाले गए। सार्वजनिक स्थलों पर उन्हें बेइज्जत किया गया। जनेऊ प्रसंग के कारण लोगों के मन तथा तन पर जातियों की रेखाएँ स्पष्ट रूप में उभर आई थीं। हालांकि समाज में जातियों का वर्चस्व पहले से ही था।

झाँसी अभी नहीं, जली थी हाँ उसके जलने की तैयारी अवश्य हो रही थी। शहर के भीतर भी आग थी और बाहर भी। राजा गंगाधर राव की मि. गार्डन से कभी-कभी राज्य की न्याय प्रणाली की विषमता के मसले पर बहस होती। पुलिस की गफलत पर चर्चा होती। ऐसे समय पर मि. गार्डन राजा को लार्ड मैकाले के इंडियन पीनल कोड की बात बताना नहीं भूलते। पर राजा को यह सब रास नहीं आता था। उनकी रुचि थी तो रंगमहल में या रंगशाला में। यूँ झाँसी में सब कुछ था। रानी बासवदत्ता का अभिनय करनेवाली मोतीबाई और सागरिका का अभिनय करनेवाली जूही। झाँसी में वेश्याओं का जमघट था। उनके अपने कोठे थे। जहाँ रईस जाकर दस्तक देते थे। राजा के पास हुक्का था, सुरा और वेश्याओं का नाच। शहर में लावनीबाज भी थे। झाँसी में पीरअली भी थे और खुदाबख्श भी, अली बहादुर भी और वीर बहादुर भी। उनका एक पाँव वेश्याओं के कोठों पर होता तो दूसरा पालिटिकल एजेंट के बँगले पर। वे अव्वल दर्जे के धूर्त और मक्कार थे। देश और समाज से उन्हें कुछ लेना-देना नहीं था। सुविधाओं से सम्भोग करने की उनके भीतर लालसा थी। पल में इधर तो पल में उधर। छोटे-छोटे पदों के लिए अपना जमीर बेच देते थे वे।

होली फाग के बहाने शहर में मेले होते थे। जिनमें नाच-गाने अवश्य होते थे। मुगलखाँ का ध्रुवपद और दुर्गा का नाच। स्वयं राजा नाचता था। झाँसी में क्या नहीं था। गवैये, बीनकार, परवानजी, तबलची, घुँघरुओं की झंकार, राधागोविन्द का प्रेमवर्णन लिखनेवाले कवि। राजसी ठाठ, सिद्धबकस हाथी, दो सहस्त्र गोल पुलिस, पाँच सौ घोड़ों का रिसाला, सौ खास पायगा के सिपाही, चार तोपखाने। इस पर भी झाँसी पराधीन थी। स्वराज्य स्वप्न की जब कल्पनाएँ भी नहीं थी। न राजा में और न प्रजा में। कुछ बुन्देलों के भीतर आग जरूर धधकती थी, पर वे जंगल-जंगल मारे-मारे फिरते थे। उनसे न राजा की यारी थी और न अंग्रेजों की मित्रता। राजा, जमीन्दार, नवाब सभी तो कम्पनी सरकार के पालिटिकल एजेंट की चाटुकारिता करते थे और रैयत को वे ही जूतों से मारते थे। यही उनका धर्म था और यही उनकी धर्मपरायणता।

स्वयं राजा पुरातनी पन्थी था। वह स्त्रियों की स्वाधीनता का हामी नहीं, समर्थक था तो रूढ़िवादियों का। पूरे एक पखवाड़े से झाँसी में कोरी, काछियों, तमोलियों, लोधियों, अहीरों के खिलाफ गर्म हवा बह रही थी। दिन ढले मछरिया जैसे ही शास्त्री के घर आई उसके भीतर का आक्रोश जैसे फूट पड़ा था :

"राजा पराई लुगाईमनों को चूमत है, चाटत है, वाके पावन को हाथ लगात है, वामै कोनो धरम भरस्ट नई होत है।" सुनकर शास्त्री शान्ति से बोले थे, "वे राजा हैं कुछ भी करें।" जैसे जलभुन गई थी शास्त्री की बात पर वह, "वे राजा हैं, कुछ भी करें और हम परजा। सबई नियम का परजाईके लाने हैं। राजा अपने लाने कुछ नई सोचत। अरे बीस दासियों को हरम में रख सबई के साथ रंगरलिया, फिर भी आग ना बुझई।"

बीच में उसे रोककर फिर धीरे से बोले थे शास्त्री, "छोटी कोई सुन लेगा।" जबकि मछरिया के स्वर में अंगार जैसी भभक थी, "तो का करेगा, हमई देस निकाला दे देगौ, बा हम भुगवैको तैयार हैं तुमाय लाने।" उसका तीखा जवाब सुनकर जैसे शास्त्री के भीतर से आवाज आई थी, "वह तो होगा ही एक दिन।"

मछरिया फिर भभकी थी, "एक दिन क्या, हमई अबई भुगवै को तैयार हैं।"

आगे कुछ था ही नहीं बोलने के लिए। फिर नारायण शास्त्री भी भला क्या सवाल-जवाब करते। उन्होंने चुप्पी साध ली थी। शास्त्री को अपने सामने चुप देखकर वह स्वयं भी चुप हो गई। सब कुछ तो कह चुकी थी वह। इससे अधिक कहने की और आवश्यकता भी क्या थी। कुछ ही पलों के अन्तराल में दोनों के बीच सन्नाटा तैर उठा था। फिर भी उनके भीतर बहुत कुछ घुमड़ रहा था। जैसे वह सब बाहर आना अभी शेष हो। दोनों की अपनी-अपनी दिक्कतें थीं। दोनों के प्रयोग थे, पर अलग-अलग तरह। उन्होंने सामाजिक बदलाव की कोशिश की थी, जो झाँसी के सवर्ण समाज को सहन नहीं हुआ। उन्होंने आगे बढ़ने का प्रयास किया था, पर समाज उन्हें पीछे खींच रहा था। वे दोनों ही तत्कालीन परिस्थितियों से जूझ रहे थे। और संघर्ष कर रहे थे। यूँ समाज में भी मन्थन था, पर धीमी रफ्तार से। बदलाव की आशा थी, पर बहुत कम। लोगों को अपने ऊपर विश्वास न था। वे मठ-मन्दिरों मे जा-जाकर नाक रगड़ते थे।

मछरिया बाहर निकलती तो लोग उसे छेड़े बिना नहीं रह पाते। ऐसे शोहदों में हर उम्र के लोग होते थे। जनेऊधारियों से लेकर तिलकधारियों तक की उसे देख लार टपकती। कोई उसके रूप लावण्य पर कविताएँ सुनाने लगता। कोई सीधे-सीधे अछूते दिल में रखने की बात कह डालता। मछरिया पूछ बैठती, "मुझे रखोगे तो यह जनेऊ आड़े नहीं आएगा।"

जवाब में वे कहते, "हम इसे निकाल फेकेंगे।"

एक औरत के लिए जनेऊ का महत्त्व खत्म हो जाता। और धधकते मांस पिंड के आगे वह धागे का मात्र टुकड़ा बनकर रह जाता। औरत की मांसल उपयोगिता बढ़ जाती। जनेऊ गौण हो जाता। ब्राह्मत्व समाप्त हो जाता, उस पर लम्पटता हावी हो जाती। झाँसी में ऐसे कामुकों की भीड़ थी। जो मछरिया को न दिन में चैन लेने देते

थे और न रात में। वह स्वयं भी परेशान थी। उसकी जात के लोग भी दुखी थे। उनकी समझ में नहीं आता था कि मछरिया ने नारायण शास्त्री नाम के बामन को साधा था या शास्त्री ने उसे। जितना वे उस पहेली को सुलझाने का प्रयास करते, उतना ही उसमें उलझ कर रह जाते, पर न मछरिया पहेली थी और न शास्त्री ही। पहेलियाँ कुछ और थीं, जिन्हें लोग जानते हुए भी समझना नहीं चाहते थे। दूसरी तरफ शास्त्री भी कहाँ बचे थे। बामनों की सभी बस्तियों में शास्त्री को भला-बुरा कहा जाता था। उसकी आलोचना दर आलोचना होती थी। न मछरिया को उसकी जात के लोग सस्ते में छोड़ते थे और नहीं शास्त्री को। दोनों की जान साँसत में थी। उनके भीतर द्वन्द्व था और आग थी। उसी आग में जलने का अनुभव भी। वे जल रहे थे जबकि लोग भांड जैसे खिलखिलाते थे।

सन्ध्या हो रही थी। आकाश में लाली थी। दिन-भर की लू लोगों ने झेली थी। वे थोड़ी ठंडक की प्रतीक्षा में थे। अँधेरा घिरने लगा था। जमीन की भभक जैसे कम हो रही थी। पर लोगों के बीच लगी आग कम होने का नाम नहीं ले रही थी। हवेलियों के शीशे चटकने लगे थे जैसे। रनवास में रानियों, पटरानियों, जागीरदारनियों, रखैलों तथा दासियों के बीच शास्त्री और मछरिया के प्रेम प्रसंग पर चर्चा थी। वेश्याओं के बीच भी वही चर्चा थमने का नाम नहीं ले रही थी। जैसे झाँसी में उससे बढ़कर अन्य कोई प्रसंग हो ही नहीं। राजपाट, सत्ता, महल, दरबार, सोना-चाँदी, हीरे-जवाहरात के साथ अरबी घोड़ों की खरीद-फरोख्त सभी सवाल फीके पड़ गए थे।

नवाब साहब ने मोतीबाई के दरवाजे पर दस्तक दी तो मुँहलगी दासी के द्वारा नवाब साहब के आने की सूचना मिलने पर स्वयं मोतीबाई बैठकखाने में आ गई। आदाब-अर्ज कर बहुत महीन स्वर में उनकी तबीयत के बारे में पूछा था। इसी बीच वही दासी गुलाब जल ले आई थी। गुलाब जल से भरे गिलास को नवाब साहब ने होंठों से लगाया तो वह तभी हटा जब पानी की एक-एक बूँद खत्म न हो गई। मोतीबाई ने नवाब साहब की माथे की ओर देखा। पसीने की बूँदें चुहचुहा आई थीं। दासी को एक गिलास और लाने के लिए कहा था उन्होंने। तभी हाथ के संकेत से मना करते हुए नवाब साहब ने कहा था, "रहने दो मोतीबाई। पानी से अब भला कहाँ प्यास बुझ पाएगी।" कहते हुए उन्होंने तिरछी निगाहों से देखा था मोती बाई की तरफ।

सुनकर बोली थी वह, "गलती माफ़ करें, कुछ और पेश करूँ नवाब साहब।"

कुछ पल ठहर गम्भीर स्वर उभरा था उनका, "पूरा शहर ही गर्मी में झुलस रहा है। इन सुराईयों के पानी से भला क्या होगा ?"

नवाब साहब का इशारा किस तरफ था। कुछ समझ नहीं सकी थी मोतीबाई। जैसे पानी भर गिलास और उमस भरा शहर कोई पहेली बन गई थी। उसने नवाब साहब की ओर देखकर धीरे से कहा था, "हाँ, नवाब साहब आप वजा फरमाते हैं। गर्मी के

मारे तो बुरा हाल है।"

नवाब साहब ने अपनी तरफ से जोड़ा था, "हाल-बेहाल है।"

कुछ देर बाद दूसरी बाँदी हुक्का ले आई थी। नवाब ने मुँह में नली ले कश लिया था। तभी पूछा था मोतीबाई ने, "आप तो जानते हैं मछरिया को।"

सुनकर मुस्कुराते हुए जवाब दिया था नवाब साहब ने, "मोतीबाई मछरिया को अब भला कौन नहीं जानता ?" पुनः बात आगे बढ़ाई थी मोतीबाई ने, "वह कैसे रंग दिखाने लगी निगोड़ी ?"

तभी गम्भीर स्वर उभरा था दूसरी ओर से। मोतीबाई, रंग कौन नहीं दिखा रहा है अब...।"

कुछ बोलना चाहती थी मोतीबाई। पर बात अभी पूरी नहीं हुई थी। नवाब साहब की। वे फिर बोले थे, "अब राजा साहब क्या कम हैं। उनका बस चले तो नंगे होकर नाचने लगे।"

तभी कहा था मोतीबाई ने,. "पर मछरिया को तो अपनी औकात में रहना चाहिए।"

सुनकर फिर मुस्कुराए थे नवाब साहब। उनकी मुस्कुराहट ही जैसे पहेली थी। कुछ न समझ सकी थी वह। वह फिर बोले थे, "जानेमन यही तो औरत की फितरत है।"

इस बार मुस्कुराई थी मोतीबाई नवाब साहब की बात पर।

तभी गुलाब आई थी मैला कमाने। बाहर से आहट सुन मोतीबाई ने खिड़की पर झूल रहे रेशमी पर्दे को थोड़ा हटाकर बाहर देखा था। उसके मुँह में पान था। पिच-पिच करते हुए थूक रही थी वह नाली के पास। अजीब-सा लगा उसे देखकर। उबकाई-सी हो आई। मुँह से जैसे थूका था मोतीबाई ने, "ऊहूँ गू से गुलाब।"

मछरिया के घर में अलग कोहराम मचा था। गुंडई पर उतर आए थे कुछ लोग। ईंट-पत्थर भी फिंकवा दिए थे उसके घर में। ईंट-पत्थर फेंकनेवालों का कुछ अता-पता नहीं चला था। जाते हुए वे आग लगाने की धमकी दे गए थे। उनकी धमकी का जवाब देता भी कौन ? घर में उम्र के अन्तिम पड़ाव पर मौत की प्रतीक्षा करता हुआ एक अदद बुढ़ऊ। मछरिया हर रोज आती थी अपने बूढ़े बाप को देखने के लिए। जवाब में आँसुओं से ही खैरसल्लाह पूछ पाता था बेटी की सगीर। बस्ती के लोग वैसे ही खार खाए बैठे थे। मछरिया पर दोहरी मार पड़ रही थी। बस्ती में आती तो उसकी जात के लोग लुगाई उसे खाने को दौड़ते। बस्ती से बाहर जाती तो गैरों के घृणास्पद रवैये को झेलना पड़ता। पर झेल तो बचपन से ही रही थी वह यह सब। आठ-सात बरस की थी। तभी से लोग उसे औरत बनाने पर तुल गए थे। देवताओं की संस्कृति में एक अदद औरत। ऐसी औरत जिसे गू-मूत ढोने से ही फुर्सत न थी। प्यार कहाँ से करती वह। प्यार का मौसम उसके हक में नहीं था।

पूरन के लिए जहाँ झाँसी शहर पुराना था वहीं झलकारी के लिए नया। पर शहर में क्या रच बस रहा था। इसकी जाँच-पड़ताल करने की फुर्सत दोनों में से किसी को नहीं थी। फिर जाँच-पड़ताल करने की हैसियत भी नहीं थी उनकी। हाँ उनकी अवश्य ही टोका-टाकी होती थी। शहर उनके लिए नहीं था। वे शहर के लिए थे। नगर-नगर यही स्थिति थी। जहाँ-जहाँ भी दलित और पिछड़े समाज के लोग रहते थे उन्हें सवाल-दर-सवालों का सामना करना पड़ता था। जैसे वे केवल जवाब देने के लिए ही पैदा हुए हों।

कोरियों की पंचायत में भी जनेऊ प्रसंग के लिए सुगबुगाहट हुई थी। उनके अखाड़े भी थे, जहाँ नौजवान डंड पेलते तथा मुगदर घुमाते थे। वे कसरती जवान थे। कसरत अखाड़े में भी करते थे और बाहर भी। कोरी समाज के कुछ युवकों ने भी जनेऊ धारण करने की हिम्मत जुटाई थी। पूरन उनके साथ था। हालांकि बड़े-बूढ़ों ने इन सबका समर्थन नहीं किया था। गलती उनकी नहीं थी। जैसा उन्हें पढ़ाया गया, उन्होंने वैसा ही सीखा, पर नौजवान वह सब सीखने को तैयार न थे। उनका आत्म-स्वाभिमान जाग रहा था। वे चेतन हो रहे थे। राजा की सेना में दलित-पिछड़ी जातियों के भी सैनिक थे और कोरी समाज के युवक भी भर्ती हुए थे। इस पकड़ा-धकड़ी में कहीं ढील थी तो कहीं सख्ती, पर राजा के आदेश का पालन जरूर हो रहा था। इसका मुख्य कारण यह था कि झाँसी शहर हिन्दू परम्परा तथा रीति-रिवाजों के बीच धड़कता था। उन दिनों न दलितों की अस्मिता की किसी को चिन्ता थी और न दलितों की पहचान की।

उत्तरी भारत में अन्तर्जातीय विवाह का चलन उन दिनों नहीं था। हालाँकि आगरा के नजदीक और स्वयं ताजमहल नगरी में इस तरह के विवाह हो रहे थे। ग्वालियर रियासत इस बारे में मौन थी। मथुरा के सीने पर जाटों की दस्तक थी। आगरा शहर में स्वयं दलित समाज के लोग इस दिशा में पहल कर रहे थे। उनके बीच चेतना फूटने लगी थीं। बंगाल में इसी विषय पर बहस मुबाहसा होने लगा था। दक्षिण भारत के साथ महाराष्ट्र में आन्दोलन के स्वर उभर रहे थे। पर अपनी तमाम सांस्कृतिक विरासत के बावजूद झाँसी चुप थी। यहाँ तक कि झाँसी के उच्च जाति के लोग रूढ़ियों तथा परम्पराओं की बनावट में लगे थे। उनके लिए दलित जातियों के लोग जमीन की वह मिट्टी थे, जिन्हें थोड़ी गर्द-गुब्बार के साथ अपनी सतह पर लौटना ही पड़ता था।

जिस दिन नए जनेऊधारियों की दरबार में पेशी थी उसी दिन शास्त्री और मछरिया को भी बुलवाया गया था। शहर भर में हड़कम्प मचा था। लोग अलग-अलग तरह से अन्दाजा लगा रहे थे। सभी के होंठों पर यही सवाल था, उस सिरफिरे बामन को क्या सजा मिलेगी ? साथ ही धर्मभ्रष्ट करनेवाली मछरिया का क्या होगा ? उस दिन दरबार में पहले से कहीं अधिक भीड़ थी।

पहले नम्बर आया नए जनेऊधारियों का। राजा के सामने उन्हें पेश किया गया। जो वश में नहीं आ सके थे दरबार में पेशी हुई तो राजा ने लोकमर्यादा की बात कहकर उन्हें वश में कर लिया था। राजा ने कहा था, ब्राह्मण, क्षत्रिय और वैश्य के अलावा अन्य किसी को जनेऊ पहनने का अधिकार नहीं है। भरे दरबार में नए जनेऊधारियों को

क्रूरतम और अमानवीय दंड दिए गए। किसी की गरदन जली तो किसी का कन्धा, किसी की छाती। तन के साथ उनके मन भी जले। उनकी भावनाएँ धुआँ धुआँ हुईं और मान-सम्मान भी।

बाद में हुई पेशी नारायण शास्त्री और मछरिया की। राजा ने मछरिया से नहीं शास्त्री से अपनी प्रेमिका को छोड़ देने की बात की थी। मछरिया से वे क्या कहते भला। मछरिया ठहरी छोटी और राजा थे बड़े। पर न शास्त्री मछरिया को छोड़ने के लिए तैयार थे और न मछरिया शास्त्री को। उनकी देह दो थी, पर सांस जैसे एक। वे एक दूसरे के लिए मरने-मिटने को तैयार थे। दरबारियों के द्वारा मछरिया को लालच दिया गया। शायद मन बदल जाए। धमकाया भी गया, पर वह अटल थी। शास्त्री को शास्त्रों की दुहाई दी गई। लोक लज्जा और लोक मर्यादा का वास्ता दिया गया। पर राजा को कहीं से भी शास्त्री में टूटन क्या दरार तक न मिली। सुना था शास्त्री ने कोकशास्त्र का भी अध्ययन किया था। राजा का सवाल था जिसने महर्षि वात्स्यायन से कामसूत्र की रचना करवाई ऐसा क्या रहा उसमें ? शास्त्रीजी का जवाब था : प्रकृति के साथ जीवन की टक्कर। नारायण शास्त्री को कामसूत्र पढ़कर बल मिला था या मछरिया के संसर्ग ने ऊर्जा दी थी राजा कदापि समझ नहीं सका था। समझना चाहता भी नहीं था वह।

दरबार में हलचल थी, चारों तरफ शोर था। दरबारियों से जागीरदारों तक की निगाहें राजा पर थीं। हवेलियों और रंगशालाओं की रौनक छोड़कर अमीर उमराव दरबार में यह सुनने के लिए आए थे कि देखें मछरिया को राजा आखिर क्या फैसला सुनाता है। दलितों की निगाहें उस पार से राजा पर लगी थी। उनके कान कुछ सुनने को बेताब थे। राजा ने पल-भर दरबार के हुजूम की ओर देखा। छोटी की झील-सी आँखों में झाँका। शास्त्री के चौड़े ललाट की रेखाओं को पढ़ने का प्रयास किया। नजदीक बैठे तात्या टोपे की तरफ गरदन घुमाई। उनकी आँखों में जैसे सहमति थी। फिर अपने ब्राह्मणत्व का ध्यान किया। अन्ततः राजा को फैसला देना पड़ा। फैसला था देश निकाला। इसलिए कि झाँसी में अगली बार मर्यादा भंग न हो।

मछरिया और शास्त्री का प्रेम न राजा को रास आया था और न दरबारियों को। हालाँकि सिपहसालार औरत की देह पर मिटते थे। कभी-कभी तो रियासतें और रजवाड़े छिन जाते थे। पर जिस तरह पुरुष की जाति थी वैसी ही औरत भी जाति के खानों में बँटी थी। सभी कुछ जातियों, कुलों, वर्गों में बँटा था। यह बँटवारे की परम्परा अंग्रेजों ने नहीं दी थी। जमीन के चप्पे-चप्पे पर पहले से ही उसकी छाप थी। जातियों को बनाया गया था। उद्देश्य चाहे जो भी रहा हो। विषमता और असमानता का सूचक था सब कुछ। कितने ही पवित्र उद्देश्य रहे हों। आदमी-आदमी के बीच भेदभाव की दीवारें खड़ी करने की साजिश थी। जिनकी बुनियाद नफरत पर टिकी थी।

मछरिया और शास्त्री तो चले गए। लेकिन उनके जाने के बहुत बाद तक झाँसी का परिवेश उनके किस्से-कहानियों से गूँजता रहा। हवा में भी गर्माहट रही। कुछ भी न बदलकर भी जैसे सब कुछ बदल गया था। परिवर्तन की आँधी ने जड़ हुए समाज

के बीच एक तरह का कम्पन तो पैदा कर ही दिया था।

सगीरा अब अकेला रह गया था। बेटी छोड़कर जो चली गई थी बाप को। उसे शास्त्री के साथ ही जीना और मरना था। उसके साथ न जाती तो उसकी लड़ाई अधूरी रह जाती। सचमुच वह हारकर भी जीत गई थी और राजा जीतकर भी हार गया था। दरबार में कही गई मछरिया की दो टूक बेबाक बात स्वयं राजा के भीतर फाँस की तरह चुभ गई थी। गू-मूत उठानेवाली किसी औरत ने पहली बार राजा की आँखों में आँखें डालकर बात की थी। दरबार और सिंहासन जैसे हिल गए हों। सभी के अस्तित्व को एकबारगी झटका दे दिया था मछरिया ने। राजा उस झटके से अभी उबर नहीं पाया था। दरबारी अभी भी किसी स्वप्न की गिरफ्त में थे। आम आदमी के भीतर उसी दिन से बार-बार अनगिनत सवाल उभरते थे। सबसे बड़ा सवाल था—क्या राजा ने न्याय किया ?

झाँसी की रानी किसी गफलत में नहीं थी। उसकी दृष्टि आरम्भ से ही उदार और स्पष्ट थी। उसका बचपन रूढ़ियों और परम्पराओं के बीच अवश्य ही बीता था। लेकिन समय को देखकर चलना सीख लिया था लक्ष्मीबाई ने। विवाह के पश्चात् स्वयं राजा के लिए उसकी स्वतन्त्रता चुनौती बनी थी, पर राजा टिक नहीं पाया था। रानी अपने घर से राजमहल में खुली किताब की तरह आई थी। उसी किताब को स्वयं राजा ने गम्भीरता से पढ़ा था।

कहने को झाँसी की विराट संस्कृति थी। रानी ने उसी संस्कृति में सभी की हिस्सेदारी करनी चाही थी। महल की ऊँची-ऊँची दीवारों के इस पार बहुत रानियाँ छटपटाई होंगी, पर रानी लक्ष्मीबाई ने जैसे छटपटाना सीखा ही नहीं था। मुक्त विचरण किया था उसने। वह पहली रानी थी, जिसने महल के बाहर की भी खोज-खबर लेने की कोशिश की थी। राजाओं के शह और मात का खेल उसे रास नहीं आता था। उन सबसे अलग वह कुछ करना चाहती थी।

झाँसी की कौन सी ऐसी बस्ती थी, जिसकी खबर रानी को नहीं थी। खास सहेलियाँ और आम औरतों की भी खबर रखती थीं वे। यूँ झलकारी आम होते हुए भी खास ही थी। तभी तो स्वयं रानी को उसकी टोह लेने की जरूरत आ पड़ी थी। शहर में कितनी स्त्रियाँ उस समय रही होंगी। पर झलकारी ही रानी को भाती थी। शायद इतिहास को ऐसे ही घटना था। जिस इतिहास ने 1857 की स्वतन्त्रता संग्राम की परिस्थितियों का निर्माण किया था। उसकी निर्मात्री अकेली रानी लक्ष्मीबाई ही नहीं थी झलकारी भी थी। सूत कातते हुए उसने क्रान्ति की लड़ियों की बुनावट कर डाली थी। ऐसी बुनावट, जिसमें अंग्रेज भी उलझ कर रह गए थे। तभी तो क्रान्तिकारियों को पूरी तरह से वे बेदखल नहीं कर पाए थे।

रानी को उस पृष्ठभूमि का पहले ही आभास हो गया था। इसलिए उसने झलकारी

के लिए बुलावा भेज दिया था। वह स्वयं झलकारी से मिलना चाहती थी। उसके भीतर जिज्ञासा के साथ प्रेमभाव की नदी थी। कई बार झलकारी का जिक्र आया था। रानी ने पहल की थी। वह झाँसी की एक-एक स्त्री को समझना चाहती थी। उनके बारे में जानना चाहती थी। राजा के स्वभाव से अलग रानी सबको बुलाकर खुश होती थी। महल में कुछ अवसरों पर गहमा-गहमी हो, इसकी वह समर्थक थी। नितान्त अकेलापन रानी को नहीं भाता था न ही आमोद-प्रमोद में वह लिप्त होना चाहती थी। रानी होकर वह प्रजा के सुख-दुख में हिस्सेदारी करना चाहती थी।

जिस दिन झलकारी ने झाँसी की जमीन पर पैर रखा था उसी समय से उसके मन में भी रानी को देखने तथा उनसे मिलने की बड़ी साध थी। रानी का व्यक्तित्व था ही ऐसा। वह रूप और लावण्य में जहाँ भरपूर थी वहीं अच्छे स्वभाव के कारण उसकी छवि दूर-दूर तक फैल चुकी थी। घोड़े की सवारी करना, हथियार चलाना, तेज दौड़कर पहाड़ पर चढ़ना, भाला फेंकना, दीवार फाँदना आदि कुछ ऐसा था कि जो भी रानी के बारे में सुनता, सुनकर दंग रह जाता, क्योंकि उन दिनों महिलाएँ इन सबसे अछूती रह मात्र घर में रहती थी। सच बात तो यह थी कि उनके सार्वजनिक जीवन को ही कोई पसन्द नहीं करता था। वे परिवार की इज्जत थी अस्मिता और आभूषण थी। अधिकांश महिलाएँ पर्दे में रहती थीं। संस्कृति की धरोहर थीं वे।

अपनी परिचित तथा पड़ोसनों आदि से झलकारी भी रानी के बारे में सुनती थी। रानी के महल में रहने से लेकर मन्दिर में पूजा करने आने तक की बातें वह जान लेना चाहती थी। रानी लक्ष्मीबाई के रूप और स्वभाव के अलग-अलग रंग थे, अलग-अलग छटा थीं। औरतें रस ले-लेकर रानी के बारे में कहती-सुनती थीं। सखी-सहेलियाँ रानी का नाम लेकर परस्पर हास्य-विनोद करती थीं। कुछ रानी की दासियाँ ही बनने को तैयार हो जातीं। रानी उनके लिए हँसी-मजाक का विषय हुआ करें। झलकारी के लिए तो वह प्रेरणा थीं। उसके भीतर देशभक्ति का दीपक कभी का जल चुका था।

झलकारी रानी तो न थी, पर आस-पड़ोस में तेजी के साथ उसे लोग जानने-पहचानने लगे थे। एक विशेष कारण यह था कि उसकी शक्ल-सूरत रानी से मिलती-जुलती थी। उसकी सीधी सपाट भाषा तथा तीखे स्वभाव से भी बस्ती में वह और भी चर्चा का विषय बनने लगी थी।

प्रत्येक वर्ष की तरह इस बार भी हल्दी कुंकुम का त्योहार था। हल्दी कुंकुम उत्सव महाराष्ट्रियनों में बहुत उत्साह के साथ झाँसी में मनाया जाता था। झाँसी की गैर-महाराष्ट्रियन जनता भी उसे खुशी के साथ मनाया करती थी। वसन्त ने दस्तक दे दी थी। वृक्ष फिर से हरे-भरे होने लगे थे। घाटियों में हरियाली बिछने लगी थी। प्रकृति ने श्रृंगार करना आरम्भ कर दिया था। ऐसा श्रृंगार जिसमें सभी रंगों की अनोखी छटा थी। वातावरण में उल्लास था।

झलकारी को भी इस उत्सव में सम्मिलित होने का बुलावा मिला था। उसका मन प्रफुल्लित था। उस दिन वह मुँह अँधेरे उठी। स्नान कर सास के पास गई और झुककर दोनों चरण छूते हुए बोली, "माँ मोय आज्ञा देओ तो मैं गौर पूज आऊँ।"

सास तनिक मुस्कुराते हुए बोली, "बिनसे (पूरन से) पूछने में लाज आउत।"

सुनकर झलकारी कुछ नहीं बोली। उसे जरूर लाज आने लगी थी। उसके गाल शर्म से लाल हो गए थे। सास ने अपनी बहू की ओर देखते हुए कहा, "अच्छा बेटा जरूर जाओ, रानी से मिलने का समय कब-कब आता है।"

खुशी-खुशी उसने पहले कपड़े पहने। फिर चूड़ियाँ और टखनों तक लहँगा, रंग-बिरंगी चोली, सर पर चुनरी, पाँव में बजनेवाली पैजनिया, दाहिने हाथ की अँगुली में ठप्पेदार चाँदी की अँगूठी। गले में लड़ियों की माला। सिन्दूर से माँग भरी तो कान के झूमर हवा में झूम उठे थे। सुरमई आँखों से उसने अपने-आपको दर्पण में निहारा। कुछ पल तक वह वैसे ही दर्पण के सामने खड़ी रही। तभी पास में आहट हुई। उसका ध्यान हटा। अब वह जल्दी-जल्दी तैयार होने लगी।

किले के महल में रानी ने चैत की नवरात्रि में गौरी की प्रतिमा की स्थापना की। पूजन आरम्भ हुआ। गौरी की प्रतिमा आभूषणों से लद गई। उत्सव में सारे नगर की महिलाएँ व्यस्त थीं। वे सज-सँवर रही थीं। शहर में चहल-पहल थी। उस विशेष अवसर पर किले में जाने की सब जातियों को आजादी थी, पर जहाँ अपने कक्ष में रानी ने गौरी को स्थापित किया था। वहाँ दलित जातियों की स्त्रियाँ नहीं जा सकती थी। उनके लिए वहाँ जाने की मनाही थी। गौरी की प्रतिमा कहीं वे छू न लें, और वही प्रतिमा भ्रष्ट हो जाए इस बात का उन्हें डर था। गौरी पूजन देखना भी उनके लिए अशुभ था। हिन्दू धर्म में अपनी परिपाटियों के कारण विरोधाभास था। कुछ के लिए पूजा-पाठ धर्म तो कुछ के लिए अधर्म। स्वयं रानी का व्यक्तित्व भी विरोधाभास का परिचायक था। यह विरोधाभास उसे विरासत में मिला था। ससुराल में आने पर और भी अधिक प्रभाव पड़ा था। राजा सब कुछ सहन कर सकते थे, लेकिन रानी महल के पूजा-गृह में सभी जाति की स्त्रियों को बुलाए, यह उन्हें बर्दाश्त न था। पूर्वजों की सीख यही थी। पुरोहित और पुजारियों से उन्होंने प्रशिक्षण जो पाया था। रानी को भी इन्हीं परिपाटियों के अनुरूप चलना था। उसकी यह मजबूरी थी या फिर वर्ण व्यवस्था की जकड़न।

आभूषणों से सजी सुन्दर ललनाएँ, उनका छलकता रूप और यौवन, सभी महिलाएँ सज-धज कर आई थीं। लाल भाऊ बख्शी की पत्नी, उनकी अगुवा बनी थी। वहाँ सुन्दर-मुन्दर भी थीं। वे सभी रानी को बारी-बारी से माला पहना रही थीं। जब मालाओं से रानी का सुन्दर सलोना चेहरा ढँकने लगता था तो दासियाँ उनके हार उतार-उतारकर रख देती थीं, पर जल्दी ही वह चेहरा पुनः ढक जाता था। हर कोई संगी, सहेली रानी को अपनी माला पहनाने को उत्सुक थी। वे उत्साहित थी कि इस बहाने रानी से दो-चार बातें होंगी। फूलों की माला रानी के गले में डालना तो एक बहाना था। महल में जाने के बार-बार ऐसे अवसर कहाँ मिलते हैं। उनकी आँखों में अजीब-सी चमक थी। उनके

लिए वे उल्लास के क्षण थे। स्वयं रानी आज के दिन मन्त्रमुग्ध थी। जितनी महिलाएँ उतने ही तरह के अलग-अलग भाव, रूप, छटा और चितवन। रानी उन सबसे हँस-हँसकर बातें करती थी। आज के दिन कोई शिष्टाचार न था। सभी एक-दूसरे से बातें करने, हँसने-खिलखिलाने में मशगूल थीं।

उन्हीं में से एक नववधू माला लिये आगे बढ़ी। शरीर पर रंग-बिरंगे कपड़े, चाँदी के जेवर, जो सोलह आना बुन्देलखंडी थे, रंग थोड़ा साँवला, रानी से मिलती-जुलती आकृति। स्वयं रानी को आश्चर्य हुआ उसे देखकर। सुना तो बहुत था उसके बारे में। दूसरी स्त्रियाँ भी अपलक नयनों से झलकारी की ओर देख रही थीं। बिल्कुल रानी जैसी शक्ल-सूरत, पर हाव-भाव अलग तरह के थे। अधिकांश स्त्रियाँ उसके नजदीक सिमट गई थीं। उनके भीतर जिज्ञासा के अलग-अलग भाव थे। स्वयं से ही सवाल करने लगी थीं वे। क्या ऐसा भी हो सकता है ? रूप और लावण्य की दो नदियाँ एक साथ बहती हैं ? वहीं झलकारी झिझकते हुए रानी के पास आई थी। रानी ने मुस्कुराते हुए पूछा, "कौन हो ?"

उत्तर मिला, "सरकार हौं तो कोरिन।"

"पर नाम क्या है तुम्हारा ?"

"झलकारी दुलैया।"

यह रानी से पहली मुलाकात थी झलकारी की। इसी मुलाकात से इतिहास के पन्ने खुलने लगे थे। जिस इतिहास में दलितों का वजूद और संघर्ष बढ़ने लगा था।

फिर रानी ने झलकारी से पूछा, "तुम्हारे पति का नाम ?"

वह बताना चाहती थी, पर बताए कैसे। पति का नाम बताते हुए शर्म आती थी। अन्त में झलकारी को एक युक्ति सुझाई दी, "सरकार, चन्दा पूरनमासी को ही पूरी-पूरी दिखात है न ?"

रानी ने उसका आशय समझते हुए हँसकर कहा, "ओ हो, पूरन नाम है।"

सुनकर लजा गई थी झलकारी। झलकारी जैसे कुछ कहना चाहती थी। रानी ने मुस्कुराते हुए पूछा, "तुम्हारे पति क्या करते हैं ?"

झलकारी जवाब में बोली थी,

"महाराज, मोरे घर में पुरिया पूरबे कौ और कपड़ा बुनवे कौ काम होत आऔ है। पै उननै अब कम कर दऔ है। मलखब, कुश्ती और जाने का-का करन लगे। अब सरकार घर कैसे चले ?"

रानी ने फिर पूछा, "तुम्हारी जाति में और कितने लोग मलखब और कुश्ती में ध्यान देने लगे हैं ?"

"काये मैं का घर-धर देखत-फिरत ?" झलकारी ने बड़ी-बड़ी कजरारी आँखें घुमाकर तीक्ष्ण उत्तर दिया था।

और कोई महिला होती तो बुरा मान जाती, पर रानी थी वह। धीरज था उसके भीतर। फिर यह अवसर भी तो बुरा मानने का नहीं था। यह तो एक-दूसरे से

हँसने-बोलने का समय था। महल में हल्दी-कुंकुम के आयोजन का कुछ विशेष अर्थ होता था। सुनकर हँस पड़ी रानी। उसकी बातों में रस लेते हुए पूछा था रानी ने, "और क्या-क्या करती हो ?" झलकारी तत्परता से बोली, "अब सारी बातें मोसे पूछोगी।" रानी ने फिर धैर्य से कहा था, यह तो तुम्हारे पति बहुत अच्छा काम करते हैं। तुम भी मलखब और कुश्ती सीखो। घोड़े की सवारी भी सीखो।"

झलकारी लम्बा घूँघट खींचकर नब गई। घूँघट में ही हँसी। साथ में रानी भी हँसी और आस-पास खड़ी स्त्रियों में भी, हँसी का स्रोत फूट पड़ा। झलकारी बोली, "महाराज, मैं चकिया पीसत हौं, दो-दो तीन-तीन मटकन में पानी भर-भर ले आउत, रांटा कातत...।" रानी को झलकारी से बहुत सारी बातें पता चलीं। वह कुरेद-कुरेद कर पूछती थी और नई-नई जानकारी लेती थी।

कुछ देर बाद अन्य महिलाओं से भी मुलाकात हुई। उनमें अधिकांश खास परिवारों की महिलाएँ ही थीं। इसी तरह हँसते-खेलते, नाचते-गाते स्त्रियों का उत्सव समाप्त हुआ। झलकारी के लिए वह दिन अच्छा था। उसके भीतर-बाहर उत्सव की महक भर आई थी। उल्लास से उसका तन और मन झूमने लगा था। वापस घर आते हुए उसके पाँव जैसे जमीन पर नहीं पड़ रहे थे। उसका मन आकाश को छूने लगा था। रानी से मिलना बड़ी बात थी और उससे भी बड़ी बात यह थी कि रानी उससे अच्छी तरह बोल बतियायी थी। उसकी बातों पर ध्यान दिया था रानी ने। उसके पति के बारे में पूछा था। झाँसी शहर की कितनी औरतें ऐसी होंगी, जिन्हें रानी से मिलना नसीब हुआ होगा। रानी की एक-एक झलक को तरस जाती थीं वे। रानी कहाँ सबको समय दे पाती ! रह-रहकर उसके भीतर से सवाल उठता था। फिर उत्तर भी स्वयं ही तलाश करती, "देखत नइ रानी को कितने सारे-काम परो। काँ सबसे मिलना होत," वह बुदबुदाती, "हाँ, ठीक ही तो है। रानी कोई हम लुगाइन की तरै है। ऊ तो बड़े घराने की बड़ी रानी है। देखत नई दासी कइसे आगे-पीछे चक्कर लगाय हैं।"

महल से निकलते-निकलते झलकारी को बलात् देर हो गई थी। महल भी तो कोई छोटा नहीं था। उसकी बनावट भी ऐसी कि भूल-भुलैया में ही फंसकर रह जाए बाहर से आनेवाला। उस दिन महल में कहीं रोक-टोक न थी। महल की सीढ़ियाँ, महल की दीवारें, महल के बुर्ज, महल की छत, सभी को देखने का चाव था झलकारी के भीतर। जो आज पूरा हुआ था। उसने महल को भीतर-बाहर सब जगह से देख डाला था। उससे किसी ने भी कुछ नहीं पूछा था। इसके विपरीत उसने चार-पाँच महिलाओं से जान-पहचान कर ली थी। उसके साथ दूसरी बस्ती की एक और महिला थी। जो उसी की हमउम्र थी और मिट्टी के बर्तन बनाती थी। वह और उसका आदमी सुन्दर रंग-बिरंगे बर्तन बनाने में बेजोड़ कलाकार थे। बच्चों के खेलने के लिए हाथी, घोड़े, बन्दर, चूहा तथा ऊँट सभी कुछ सृजन करते थे। रानी को उपहार में कुछ बर्तन दिए थे उसने। जिन्हें रानी ने खुशी-खुशी स्वीकार कर लिये थे। नाम था उसका रामकुमारी, पर सभी उसे रम्मो कहकर पुकारते थे। रम्मो झलकारी की सखी बन गई थी। रानी को सखी-सहेलियाँ बनाने

की बचपन से ही रुचि थी। तभी तो बिना जाति, धर्म और उम्र का विचार किये वे सब जुट गई थीं।

बाहर महल जैसी रौनक तो न थी, पर आज के दिन चहल-पहल खूब थी। महल से घर आते-आते उन पर न जाने कितनों की निगाहें ठहरी होंगी। बीच में बाजार, जहाँ मर्दों की अधिक भीड़ थी। वे दोनों बाजार में सकुचाई-सी अपना-अपना रास्ता बनाकर आगे बढ़ती जातीं। जितना वे मर्दों की निगाहों से बचने की कोशिश करतीं, उतना ही उनका ध्यान आकर्षित कराने में मदद करती पैरों में बाँधी हुई पैजनियाँ। दोनों के पाँवों में बँधी पैजनियों की आवाज दूर-दूर तक जाती। जितना तेजी के साथ पाँव उठते बढ़ते, उतना ही आवाज पैजनियाँ करतीं। उन्हें उतारना चाहते हुए भी वे उतार नहीं सकती थीं।

रानी से मुलाकात होना झलकारी के लिए सुखद अनुभव था। अब तक महल और किले उसकी कल्पना में ही अंकित थे। अब वे सब उसके भीतर जीवित हो गए थे। ऊँची-ऊँची छतोंवाले घर, चमकदार फर्शवाले रंग-बिरंगे आँगन। फूल-पत्तियों से लदी दीवारें। पहरे पर खड़े चौकस सैनिक। नौबतखाने में बजती शहनाई। बारादरी में रंग-बिरंगे खुशबूदार फूल। एक कोने से दूसरे कोने तक फैली बेल। करीने से बिछी हुई मखमल जैसी घास। पहली बार यह सब जादुई लगा था। महल में झाड़-फानूस को देखकर तो दंग रह गई थी वह। जैसे काँच का बड़ा ताज पानी पर तैर रहा हो। उनके बीच रखी मोमबत्तियाँ। जिनके आरपार फैली हुई उजाले की किरणें। कितना अन्तर था इस लोक और उस लोक में। राजा-रानियों के ऐश्वर्य, ठाट-बाट देखकर दंग रह गई थी झलकारी। जितना देखा था उतना तो सपने में भी नहीं सोचा था। सपने से कहीं अधिक यहाँ मौजूद था। चारों तरफ ऐश्वर्य ही ऐश्वर्य बिखरा था।

कहाँ से आता है ढेर सारा ऐश्वर्य, कौन बनाता है महल और किले। अनायास ही यह विचार झलकारी के भीतर उभरा तो काफी देर तक उसे परेशान करता रहा। एक आम परिवार की आम महिला, महल तथा किले से रू-ब-रू हुई तो खास तरह से सोचने लगी थी। उसके भीतर मेहनतकशों का दर्शन कुलबुलाने लगा था। झाँसी में जितने धनाढ्य लोग थे उनसे कहीं अधिक नगर में गरीब और कंगाल लोग भी थे। राजा हाथी-घोड़े पर चलता था और रानी पालकी में। और प्रजा, उसके पास तो न हाथी थे, न घोड़े। उसके पास थी केवल अभाव और गरीबी में पलती जिन्दगी। पर उदासी के बावजूद उनका जीवन जीवन्त था। वहीं तो झाँसी को सजाता-सँवारता था। सुबह शाम झाँसी की सड़कों को सकेरता-बुहारता था। उसके चप्पे-चप्पे में सृजन करता था। झाँसी की वह धड़कन था। वह सो जाए तो झाँसी भी सो जाए। वह जागे तो झाँसी भी जाग जाए। उसके बिना शहर निस्तेज था।

दोपहर कब बीत गई। उसे पता ही नहीं चला। उसकी सास कुछ देर पहले ही बुने हुए कपड़े को लेकर बाहर गई थी। पति सुबह ही निकल गए थे। तभी बाहर से आहट हुई। नजदीक आती पैरों की आहट से उसका ध्यान टूटा। उसने देखा दरवाजे के बीच

खड़े हुए पूरन कह रहा था, "रानी के मिलाय का हुआ, सपनों में ही खो गई।"

झलकारी ने सुना। वह जवाब न दे सकी। उसका आदमी ठीक ही तो कह रहा है। वह बुदबुदाई, रानी से तो बलात लोग मिलई हैं। का सबई ऐसई सपनों में खो जावै हैं। फिर उसने सोचा, पर वह तो सपने में ही खोई। इसी कश्मकश के बीच उसके भीतर से आवाज आई। सपने में नहीं खोई तो झलकारी यह का हो गया तोय ? पूरन तब तक भीतर आ गया था। उसे जैसे जगाते हुए कहा था, "झलकारी का है गयौ ?

सपने से जागते से बोली थी वह, "कछु नई। बस थोड़ी देर के लाने फेर रानी के महल चली गई थी।" आश्चर्य से पूछा था उसने, "पर तेय तो घर में बैठई हैय।" जवाब में हुँकार-सी भरी थी उसने। पूरन ने पूछा, "फिर...।" जवाब दिया था झलकारी ने, "सपना में।"

कहकर हँस पड़ी थी वह। साथ में पूरन भी हँसा था। काफी देर तक वे दोनों हँसते रहे। घर का परिवेश भी जैसे सोते-सोते जाग गया था। जब हँसी थमी तो झलकारी सवाल कर बैठी। वैसा सवाल जो उसे काफी देर से परेशान कर रहा था। उसके भीतर बेचैनी भर आई थी। तथा स्वर में गम्भीरता, "जै गरीब अमीर कबई से हैय ?"

पूरन का सपाट जवाब था, "जब से या दुनिया बनी।"

झलकारी फिर सोच में डूब गई थी। वह फिर बोली थी, "मेरी समझ में तो कछु ना आवै।"

तभी गम्भीर स्वर उभरा था उसके पति का, "तै समझ नई आई तो अच्छा ही हुआ। इस बात को तो बड़े-बड़े साधु-महात्मा तक नहीं समझ सकें।" झलकारी ने सोचा उसका पति ठीक ही तो कहता है। इसके बाद उसने कोई सवाल नहीं किया। घर में कुछ देर चुप्पी रही तो पूरन कपड़ा बुनने लगा। और झलकारी घर-गृहस्थी के काम में जुट गई।

चन्ना-रमची की जोड़ी के बारे में सभी जानते थे। एक जात से जाटव दूसरा वाल्मीकि। चन्ना का पूरा नाम था चम्पालाल और रमची का राम चरन था। चम्पालाल का जब जन्म हुआ था उसके माथे पर उसकी जात लिख दी गई थी। वैसे ही रामचरन के साथ भी हुआ था। दोनों की यही नियति थी। लोग उन्हें पूरे नाम से नहीं पुकारते थे। उनके कान तरस उठते थे अपना पूरा नाम सुनने को, पर अधूरा अस्तित्व था उनका। पूरे नाम से भला वे कैसे पुकारे जाते। कभी-कभी तो अधूरा नाम भी उनके हिस्से में नहीं आता था। हिस्से में आती थी जात के नाम पर दी गई जलालत। सवर्ण जाति के अधिकांश लोग उन्हें गलत सम्बोधनों से पुकारते थे। जो दबंग थे, निर्बलों के लिए उनके पास इससे भी गए बीते शब्द थे। उन शब्दों को बार-बार कहने, बोलने के उनके अलग उद्देश्य थे। वह उद्देश्य था दलितों की जातीय अस्मिता और पहचान पर चोट करना, उनकी भावनाओं को ठेस पहुँचाना। चन्ना और रमची का बचपन इन्हीं सब गालियों, लात तथा

थप्पड़ों को सहते-सहते बीता था। जवानी आने पर भी उन्हें निजात नहीं मिली थी इन सबसे। निजात मिलती भी कैसे, बचपन से लेकर बुढ़ापे तक उन्हें वह सब सहना ही पड़ता था। दलित समाज में जन्मे व्यक्ति की उम्र का कोई महत्त्व न था। महत्त्व था केवल वर्ण व्यवस्था पर आधारित नियमों तथा परम्पराओं का। भारतीय समाज उसी से बँधा था और समाज के अधिकांश लोग कोल्हू के बैल की तरह उन्हीं प्रथाओं, परम्पराओं के आसपास घूमते थे।

बहुत समय से उनके मन में आस थी। एक दिन चलकर झाँसी नगरी देखी जाए। पहले के समय में अपने गाँव से बाहर निकलना ही मुश्किल होता था। गरीब लोगों के लिए सैर-सपाटा सपने की बात हुआ करती थी। गाँव के बाहर की दुनिया से अनजान थे वे। झाँसी में झलकारी तो है। यही मन में विचार कर उन्होंने गाँव के बाहर कदम रखे थे। उनके मन में आस थी और गाँव से अलग शहर का जीवन देखने की उत्सुकता भी।

झाँसी परकोटे के भीतर आने में उन्हें हिचकिचाहट हुई थी। दोनों के मन में भय भी था। शक्ल-सूरत तो अच्छी थी, पर कपड़े मोटे सूत के थे। पाँव में चप्पल भी नहीं थी। कपड़े भी साबुत कहाँ थे शरीर पर। थेगली लगी थी जगह-जगह। दोनों का एक जैसा ही हाल था। जेब में दो-चार पैसे ही थे। सूखी रोटियाँ लेकर चले थे गाँव से। दो कोस पैदल चलने के बाद एक पेड़ की छाँव में बैठकर जो खाई थीं। फिर दो कोस आगे झाँसी थी। गाँव से मुँहअँधेरे चल दिए थे। रास्ते में टोका-टोकी न हो इसलिए। कुछ रास्ता खेतों से होकर और कुछ ऊबड़-खाबड़ कच्ची सड़क से पूरा किया था। मुख्य मार्ग पर उन्हें चलने की मनाही थी। तथाकथित श्रेष्ठ जाति के लोग उनकी परछाईं से भी दूर रहते थे। उन्हें देखना वे अपशकुन मानते थे। जानवरों को चाहे जैसे हाँक दिया, वैसी स्थिति उनकी भी थी। दलित समाज के लोग मजबूर थे। उनका बोलना सहन नहीं होता था। बोलने पर उन्हें दंड सहना पड़ता था। उन्हें केवल सुनना होता था। नियम यही था। प्रतिक्रिया व्यक्त करने पर उनकी जीभ काट ली जाती थी। दुनिया के विधानों से अलग विधान थे इस देश की धरती पर। वे नियम और विधान खूब उर्वरक थे।

झाँसी नगर की बस्तियों की सामाजिक संरचना भी वैसी ही थी जैसी देश के अन्य नगरों की। सभी रियासतों और रजवाड़ों में छुआछूत थी। कहीं अधिक उग्र रूप था तो कहीं कम। फर्क सिर्फ यही था। हर जगह आदमी की पहचान उसकी जात से होती थी। उसी के आधार पर उनका मान सम्मान होता था। झाँसी भी कोई अपवाद न थी। चन्ना-रमची ने सुन रखा था कि नगर की मुस्लिम बस्तियाँ झाँसी परकोटे के भीतर थीं। जबकि दलित जातियों के लोग परकोटे के बाहर रहते थे। उनमें कुछ परिवार अंग्रेजों की सैनिक बस्ती के पास रहते थे और शेष वहाँ बसे थे, जहाँ नगर भर का कूड़ा पड़ा होता था। उन्हें एक खास सीमा में रहने की ताकीद थी। उनके आसपास सामाजिक तथा धार्मिक घेरे थे। वे परकोटे के भीतर रहें या बाहर। उन्हें रखना उसी समाज की मजबूरी थी जो उन्हें दुत्कारता था। असहनीय होते हुए भी उनका महत्त्व था। इसलिए कि शहर

को जीवित रखना इन जातियों के लोगों का काम था। वे कामगार थे और गुलाम भी।

शहर और गाँव में बहुत अन्तर था। झाँसी नगर में वह सब चमक-दमक मौजूद थी, जिसका कोई अंश भी गाँव में मौजूद न था। नगर के लोगों की वेश-भूषा, चाल-ढाल, बात करने की शैली सभी कुछ अलग थी। उनके चेहरों पर चमक थी। वे भय से सिकुड़े नहीं होते थे। न ही एक-एक शब्द के कहने में कोई कंजूसी बरतते थे। वे परस्पर खुलकर बोलते-बतियाते थे। गाँव में इस बात का अधिक ध्यान रखा जाता था कि कौन किससे बात कर रहा है। उसकी जाति क्या है, धर्म कौन-सा है। गाँव को इन्हीं रूढ़ियों ने जकड़ा हुआ था।

नगर में ही राजा के सिपाहियों ने उन्हें टोका था। डरते-डरते वे जवाब दे पाए थे। घंटा-भर बेगार करनी पड़ी थी उन्हें उनकी। तब जाकर जाने दिया था।

झलकारी के घर तक वे दोनों दोपहर बाद पहुँचे थे। हिचकिचाते हुए एक-दो लोगों से मालूम किया था। नगर में जातियों के आधार पर ही बस्तियाँ और पड़ाव थे। इसलिए यहाँ तक आने में कोई विशेष मुश्किल न हुई। झलकारी घर पर ही थी। देखते ही पहचान गई। बरबस उसके मुँह से निकल पड़ा,

"आओ लल्ला, बैठो" कहते हुए उसने जमीन पर चटाई बिछा दी थी। घर में इस समय वह अकेली थी। दोनों सहमे-सहमे बैठे थे। उनके भीतर धुकुड़-धुकुड़ थी। कहीं झलकारी पहचाने या नईं। जल्दी से वह दो गिलास में पानी ले आई। दोनों ने ओक लगाकर पानी पिया। धूल से सने हुए उनके हाथ-पाँव तथा कपड़े देख झलकारी को दया-सी हो आई। वे अभी भी सिकुड़े-सिकुड़े बैठे थे। चन्ना-रमची तो उसके बचपन के साथी थे। उनसे भला क्या डराव-छुपाव। वह तनिक मुस्कुराते हुए बोली, "काए लल्ला, ऐसई कौं गुड्ड-मुड्ड हई बैठे हो। इसई अपना घर समझो।" दोनों के मुँह से शर्माते, सकुचाते हुए हाँ-हूँ निकली। झलकारी फिर बोली, "अच्छा चलौ, हात मुँह धो लो पैले।" दोनों ने हाथ-मुँह धोए। झलकारी ने पोंछने के लिए गमछा दिया। जिसे सकुचाते हुए उन्होंने लिया। तभी उसने पूछा था, "मताई कक्का ऐन चंगे हैं कओ, भोजला में सब ठीक है।"

दोनों ने झलकारी के व्यवहार में अपनापन महसूस किया। उन्हें अच्छा लगा। तन तथा मन को ठंडक मिली। पहले ठंडे पानी से फिर झलकारी के अच्छे व्यवहार से। झलकारी ने एक-एक कर गाँव-भर की बातें पूछ डाली। वे दोनों जवाब देते-देते थक गए पर वह पूछते-पूछते न थकी। माँ की सेहत के बारे में बार-बार पूछा, बाबा के काम के बारे में, उनकी बूढ़ी हो चली आँखों के बारे में। आँगन में खड़े नीम, चरना की गइया, खटकू के टूटे घर, रमुआ की बकरी सभी के बारे में खोज-खोज कर झलकारी सवाल पूछ रही थी। चम्पालाल और रामचरन ने जैसा गाँव के बारे में बतलाया, झलकारी को लगा, भोजला गाँव में बहुत कुछ बदल गया है। स्वयं माँ कमर झुकाकर चलने लगी

थी। बाबा का शरीर बूढ़ा हो ही गया था, आँखों की रोशनी कम हो गई थी। चरना की गइया को कोई कसाई ले गया था। खटकू के टूटे घर की छत गिर गई थी, रमुआ की बकरी मर गई थी। चरपू की बेटी आठ बरस में ही विधवा हो गई। उसका आदमी पानी में डूबकर मर गया था। ठाकुर विराट सिंह की बहू को उसका छोटा भाई गाँव से भगा ले गया था। बलुआ, कलवा और रामसिंह के साथ मुमिरन साठ बरस की हो सिधार गइ थी। कलवा की पत्नी के पेट में घोड़े की लात लगने से उसकी मौत हो गई थी। सुनारी की मुर्गी को गाँव के ही किसी आदमी ने काटकर खा लिया था। समय सिंह जाट ने अपने नौकर को इतना पीटा कि वह जान बचाकर गाँव से भाग गया था और फिर वापस नहीं लौटा। खेत में गए साल इतना पाला पड़ा कि सारी फसल ही चौपट हो गई।

गाँव का मिजाज ही बदल गया था। गाँव से ही दलितों के दो लड़के सेना में भर्ती हो गए थे। पिछले माह लौटकर आए तो गाँव के सरपंच की आँखों में आँखें डालकर उन्होंने बातें कीं। गाँव के इतिहास में यह पहली बार हुआ। वरना वही दलित ठाकुर की मार सहते-सहते बिलबिलाते थे। सरपंच की भैंस मर गई। कोई चमार उसे उठाने नहीं आया। दो दिन आसपास सडाँध रही और तनाव भी रहा। चमार जाति के लोग टस से मस नहीं हुए। मजबूर होकर रात में चोरी-छुपे दूसरे गाँव से तीन-चार लोगों को सरपंच ने बुलवाया। तब जाकर सड़ाँध दूर हुई। उस घटना से दलितों को अपनी ताकत का अहसास हुआ था। साथ ही उस गुलामी का भी, जिसे सदियों से वे सहते आए थे।

गाँव में दलित-जातियों के कितने ही घर थे, पर अलग-थलग थे। सभी दबंग सवर्णों के द्वारा अत्याचार होने पर या तो वे बिना दवाई के सड़-सड़कर मर जाते थे या फिर पहले ही भय से गाँव छोड़कर अन्य कहीं चले जाते थे। गंगा के दोनों बेटों ने भी पिछले बरस गाँव छोड़ा था, किसी डर से नहीं बल्कि सम्मानजनक जीवन के लिए। उनका बाप गंगा महाजन की बेगारी करते-करते मर गया था। माँ पहले ही चल बसी थी। उसी महाजन ने जब उनसे भी बेगारी करने के लिए कहा तो उन्होंने साफ इनकार कर दिया था। और गाँव से जाते हुए महाजन की आँखों में आँखें डालकर फिर से गाँव लौटकर आने के लिए कहा था।

गाँव में दलितों के बीच वे पहले नौजवान थे, जो सेना में भर्ती हुए थे। जिस समय गाँव में उन्होंने प्रवेश किया, उनके शरीर पर सैनिकों की वर्दी थी। उसी फौजी वर्दी ने उनकी चाल-ढाल तथा व्यवहार को बदल दिया था। चेहरे की रंगत में फर्क आ गया था। शरीर पहले से हृष्ट-पुष्ट हो गया था। गाँव के लोगों ने देखा तो देखते ही रह गए।

बहुत देर तक झलकारी उन दोनों के मुँह से गाँव की आपबीती सुनती रही तभी उसे न जाने क्या याद हो आया। वह पूछ बैठी, "कछु अपने बारे में भी बताओगे।"

सुनकर पहले चम्पालाल बोला, "हमाय पत्नी को परसाल बच्चा हुआ।"

सुनकर फिर पूछा था झलकारी ने, "और तुमाय ?"

जवाब दिया था रामचरन ने, "हमाय भी एक बच्चा हुआ।"
तभी मजाक सूझा झलकारी को, "तुमाय या तुमाय घरवारी को।"
तीनों ठट्ठा मारकर हँसे थे।

उन्नीसवीं शताब्दी के भारतवर्ष में हिन्दू धर्म की संकीर्णता जग जाहिर थी। उन दिनों दो तरह की क्रान्तियाँ साथ-साथ चल रही थीं। पहली क्रान्ति सामाजिक अन्याय के खिलाफ और दूसरी लड़ाई अंग्रेजी साम्राज्य के विरोध में। दोनों क्रान्तियों में परस्पर सामंजस्य था। पर कहीं-कहीं उनके रास्ते अलग-अलग भी थे। जनता की भागीदारी दोनों तरह की क्रान्तियों में थी। लेकिन तत्कालीन जमीन्दार और पुरोहित वर्ग का किसी भी तरह की क्रान्ति से लेना-देना नहीं था। अशिक्षा, गरीबी और कुसंस्कारों से लाभ उठाकर वे जन साधारण का शोषण करते थे। राजनीति में ये पटु थे और चालबाजी में इनका कोई सानी न था। सामन्त, राजा और पुरोहित वर्ग धर्म और जातियों की आड़ में लोगों को गुमराह करता था। और लोग भी गुमराह हो जाते थे।

हिन्दू धर्म के भीतर कुसंस्कारों तथा कुप्रथाओं को दूर करने के लिए हालाँकि कुछ प्रयास हुए थे। फिर भी भारत में कुछ रूढ़िवादी समाज सुधार के कार्य में बाधा पहुँचाते थे। प्रजा जातियों, कुलों, गोत्रों में विभाजित थी। शिक्षा बहुत खास परिवारों के लिए सुरक्षित थी। आम आदमी का शिक्षा से कोई लेना-देना नहीं था। बेगार लेने का खूब चलन था। मजदूर को पसीना सूखने के बाद भी मजदूरी नहीं मिल पाती थी। न्याय सुलभ न था। सुलभ थी तो केवल मौत। जिस पर कोई रोकटोक न थी। समाज में जिसकी लाठी उसकी भैंस वाली कहावत चरितार्थ थी।

इस तरह दोनों तरफ से लोगों के दिलों में क्रान्ति की आग सुलग रही थी। आम आदमी के लिए क्रान्ति के मायने न धर्म रक्षा था, न जाति रक्षा। उनके सामने उद्देश्य था सामाजिक परिवर्तन करते हुए अंग्रेजों को देश से खदेड़ना। और उन्हें देश के बाहर भगाकर नए भारत की रचना करना।

अन्य रजवाड़ों की तरह झाँसी में भी राजनीतिक तथा सामाजिक स्थितियों में तेजी के साथ बदलाव आ रहे थे। समाज के गर्भ से विद्रोह के स्वर फूटने लगे थे। झाँसी के हर दूसरे आदमी के भीतर आग दहक रही थी। असहनीय होने पर भी स्थानीय लोग अंग्रेजों को झेलने के लिए मजबूर थे। झाँसी में ईस्ट इंडिया कम्पनी के अधिकारियों तथा सैनिकों का दबाव बढ़ता ही जा रहा था। नगर के आन्तरिक मामलों में उनकी दखल थी। मन मसोसकर रह जाते थे लोग। स्वयं राजा असहाय था। सही कहा जाए तो सत्ता होते हुए भी झाँसी में उनकी सत्ता का कोई अर्थ न था। गोरा शासन और प्रशासन पर हावी था। काले लोगों को दोहरे शोषण का सामना करना पड़ता था। दोहरी न्याय-व्यवस्था थी। बावजूद इसके बाहरी क्षेत्रों में लूटमार और अराजकता थी। राह चलते हुए लोगों की जान-माल की सुरक्षा न थी। कुछ लोगों को तो जीवन बोझ लगने

लगा था। जिनमें राजा पहली पंक्ति में था। जो मानसिक और शारीरिक दोनों आधार पर जर्जर हो गया था। वैद्य और हकीम अपनी-अपनी ओर से भरसक प्रयास कर रहे थे। राजा के जीवन में स्पन्दन तो था, पर गति नहीं। बोलना भी उनके लिए मुश्किल था। बार-बार मूर्च्छित हो उठते थे। आँखें फट जाती थीं। शरीर को लकवा मार जाता था। यथा राजा अथा प्रजा।

अन्ततः 21 नवम्बर, 1853 को राजा गंगाधर राव का देहान्त हो गया। झाँसी में यह विपदा की शुरुआत थी, पर पराधीनता से स्वाधीनता के विचार का उभरना भी यहीं से आरम्भ हुआ था। जिस दिन राजा की मृत्यु हुई, रानी की उम्र 18 वर्ष थी। इस आघात को झेलने के लिए यह कोई बड़ी उम्र नहीं थी, पर अनुभवों ने उन्हें सब कुछ सिखा दिया था। इन दिनों रानी किलेवाले महल में रहती थी। वहाँ उनकी सहेलियाँ, दासियाँ, नौकर-चाकर और सिपाही भी रहते थे। नीचे का महल, हाथीखाना, सेना, घोड़े, हथियार सभी हाथ में थे, पर कौन जानता था कि यह सब उसके हाथ से निकलने की तैयारी हो रही थी। रानी को इस अनिष्ट की शंका तक न थी। अंग्रेजों की तरफ से अभी तक ऐसी पहल भी हुई नहीं थी।

महीना भर हो गया था। गवर्नर जनरल के फैसले की सभी को प्रतीक्षा थी। जैसे-जैसे दिन बीत रहे थे वैसे-वैसे रानी गम्भीर होती जा रही थी। उनके भीतर झाँसी राज्य की लालसा भी उग्र होने लगी थी। साम्राज्य चाहे स्वाभिमान के रहते, मिले या पराधीन जैसी स्थिाते में, राज्य राज्य ही होता है। राजा या रानी बने रहने का रुतबा और उसका नशा सबको कहाँ मयस्सर होता है। सत्ता सुख का वही भाव सन्धियों से लेकर समझौते भी कराता रहा है। रानी की स्थिति भी लगभग ऐसी ही थी। पति के देहान्त के बाद उनकी दिनचर्या में बदलाव आ गया था। वे सुबह उठकर स्नान करतीं, आठ बजे तक महादेव का पूजन करतीं, उस समय गवैए भजन सुनाते, फिर दोपहर होते-होते महल के पास खुली जगह में घोड़े की सवारी, तीरन्दाजी, नेजा चलाना, दौड़ते घोड़े पर चढ़ना दोनों हाथों से तलवार भाँजना, बन्दूक से निशाना लगाना, मलखंब, कुश्ती आदि करती थी। बाद में नगर से आनेवाली कुछ स्त्रियों से बातचीत और उन्हें पढ़ाना, सिखाना सब कुछ होता था। इनमें भाऊ बख्शी की पत्नी के साथ झलकारी कोरिन भी होती थी।

रानी के लिए एक-एक पल बिताना मुश्किल था। मुश्किल भी क्यों नहीं होता। पति की मृत्यु के बाद अपना ही साम्राज्य ढहता नजर आता था। दरबार में घात-प्रतिघात चल रहे थे। उनके लिए झाँसी का कोई मूल्य न था। वे छोटे-छोटे स्वार्थों के लिए एक-दूसरे के खून के प्यासे हो गए थे।

जब कई महीने हो गए और डलहौजी का उत्तर न आया तब मोरोपन्त, नाना भोपटकर आदि की सहमति से एलिस और मालकम के द्वारा एक खरीता और

भेजा गया। उसमें पुरानी सन्धियों को दुहराया गया था और जिस जिसने किसी को गोद लिया था, उनकी उसमें चर्चा की गई थी। एलिस ने भी सिफारिश करते हुए लिखा, "ओरछा राज्य को दत्तक की स्वीकृति दी गई। जैसा ओरछा राज्य वैसा झाँसी राज्य। एक को अनुमति देना और दूसरे को न देना अनुचित मालूम होता है।"

एलिस की सिफारिश उदार थी, जिसमें प्रेम भाव की खुशबू भी थी, पर वह सब कम्पनी सरकार को रास नहीं आई थी।

कई महीने उपरान्त डलहौजी अवध के दौरे से कलकत्ता लौटा। उसके सामने झाँसी की मिसिल पेश हुई। जगह-जगह ऐसे उद्‌गार थे, जो जुगुप्सा पैदा करें। बुन्देलखंड में कम्पनी के राज्य की स्थापना हमारे पुरखों की सहायता से हुई है। हमारी राजभक्ति की कदर की जानी चाहिए। जरूर अब किस साधना के लिए राजभक्ति की अटक है ? सन्धियाँ पवित्र होती हैं। बेशक तुम पेशवा के नौकर थे। पेशवा हमसे हारा और उसने अपना स्वामित्व हमारे हवाले किया था। अब तुम हमारे नौकर हुए। मर्जी हमारी, हम तुम्हारी गोद-वोद को, माने या न मानें। डलहौजी सोचता-सोचता जिस निष्कर्ष पर पहुँचा उसकी काउंसिल भी उससे सहमत हो गई।

डलहौजी ने झाँसी की मिसिल पर 27 फरवरी, 1854 को हुकुम चढ़ाया। जो इतिहास उलटने की तैयारी था : "झाँसी राज्य पेशवा का आश्रित राज्य था। 1804 की सन्धि में शिवराव भाऊ ने इस बात को कबूल किया था। हमको ऐसे आश्रित राज्यों में गोद मानने, न मानने का अधिकार है। रामचन्द्रराव 1835 में जिसको हमने 1832 में राज्य की उपाधि दी थी। मरने से एक दिन पहले किसी को गोद लिया था। वह गोद ब्रिटिश सरकार ने नहीं मानी थी। हम दामोदर राव की गोद को मानने के लिए बाध्य नहीं हैं। इसलिए झाँसी को अंग्रेजी राज्य में मिलाया जाता है। पोलिटिकल एजेंट की सिफारिश के अनुसार रानी को मासिक वृत्ति दी जाएगी।"

रानी को वृत्ति, समय का कैसा मजाक था। दो-टूक फैसला दे दिया था फिरंगियों ने। मालकम के पास डलहौजी की आज्ञा आ गई और उसने बिना विलम्ब नीचे लिखा हुआ इश्तिहार एलिस के नाम भेज दिया :

"दत्तक को गवर्नर जनरल ने नामंजूर किया है। इसलिए भारत सरकार की 7 मार्च, 1854 की आज्ञा के अनुसार झाँसी का राज्य ब्रिटिश साम्राज्य में मिलाया जाता है। इश्तिहार के जरिए सब लोगों को सूचना दी जाती है कि झाँसी प्रदेश का शासन मेजर एलिस के अधीन किया जाता है। इस प्रदेश की सब प्रजा अपने को ब्रिटिश सरकार के अधीन समझे और मेजर एलिस को कर दिया करे और सुख सन्तोष के साथ जीवन-निर्वाह करें। 13.3.1854 ह. मालकम।"

मालकम ने इस घोषणा को एलिस के पास भेजा और साथ ही उसको हिदायत की कि बहुत सावधानी के साथ काम किया जाए। उन्हें भय था शहर में इस फैसले से जरूर हड़कम्प मचेगा। एलिस ने होशियारी के साथ घोषणा लिखे हुए कागज को एक जेब में रखा और दूसरी में पिस्तौल। सशस्त्र अंगरक्षकों को साथ लेकर रानी के पास वह

किलेवाले महल में पहुँचा। रानी को सूचना दे दी गई थी। मोरोपन्त इत्यादि बहुत दिन से उम्मीद लगाए बैठे थे। दीवान-ए-ख़ास में सभी नियत समय पर आ गए। दीवान-ए-ख़ास में एक ऊँची कुरसी पर दामोदरराव विराजमान थे। एलिस द्वन्द्व-भरे हृदय के साथ दीवाने-खास में प्रविष्ट हुआ। मोरोपन्त आदि ने बहुत विनीत भाव के साथ अभिवादन किया। दीवान-ए-ख़ास में इत्र-पान इत्यादि सजे-सजाए रखे थे। बुर्जों पर तोपों में सलामी दागने के लिए बारूद डाल दी गई थी। जैसे विजय घोषणा जारी करानी हो। ऐसे समय एलिस अपने भीतर के भावों को छुपाते हुए अभिवादन कर बैठ गया। तब तक रानी आ गई थी। वे परदे के पीछे विराजमान थी। एलिस ने जेब से मालकमवाली घोषणा निकाली। दरबारियों के कलेजे धक-धक करने लगे। घोषणा पढ़ने से पूर्व दरबार में सन्नाटा था। झाँसी साम्राज्य का ऊँट न जाने किस करवट बैठे। अन्ततः घोषणा की गई। गुलाम गौसखाँ तोपची, मोरोपन्त, दीवान, स्वयं दामोदरराव सभी को ऐसे दुखद फैसले की आशा न थी। जिसने भी सुना वह हक्का-बक्का रह गया। दरबारी आश्चर्य से एक दूसरे की ओर देखने लगे। तभी परदे के पीछे से गूँज उठा था रानी का स्वर, "मैं अपनी झाँसी नहीं दूँगी।"

झाँसी के इतिहास की इसी दुखद घड़ी से रानी ने युद्ध की तैयारी करनी आरम्भ कर दी थी और एलिस ने झाँसी साम्राज्य का 'अंग्रेजी बन्दोबस्त' शुरू किया। दीवान से दफ्तरों की चाभियाँ ले ली गईं। थाने पर अधिकार कर लिया गया। शहर में अंग्रेजी राज्य और अपने अधिकार की डोंडी पिटवा दी गई। तहसीलों में कड़े प्रबन्ध के समाचार भेजे गए और रानी से किला भी खाली करा लिया गया। मजबूरीवश रानी को शहरवाले महल में जाना पड़ा। झाँसी राज्य की सम्पूर्ण सेना बरखास्त कर दी गई। अधिकांश जागीरदार खत्म कर दिए गए। इस तरह ब्रिटिश सरकार द्वारा झाँसी को अंग्रेजी साम्राज्य में मिला लिया गया। और रानी को मिली मात्र पाँच हजार रुपया मासिक वृत्ति। रानी ने यह कबूल क्यों की। यह सवाल इतिहास का है, पर रानी के भीतर गहरी फाँस चुभ गई थी। जो अन्तिम साँस तक कसकती रही। रानी ने विलायत तक भी अपील भेजी थी, जिसका कभी भी जवाब नहीं आया। जवाब आता भी नहीं। तब तक कम्पनी सरकार के अंग्रेज अधिकारी देसी राजाओं की परस्पर फूट से अच्छी तरह से वाकिफ हो चुके थे। उनके लिए राजा मर चुका था और रानी का अब कोई महत्व न था।

भारतीय इतिहास में बहुत सारे विरोधाभास मिलते हैं। झाँसी भी इसका अपवाद नहीं रहा। जिस झाँसी के लिए रानी लक्ष्मीबाई ने संघर्ष का रास्ता अपनाया। उसी झाँसी का राजसिंहासन पाने के लिए उनके पूर्व राजाओं, रानियों, जागीरदारों ने एक दूसरे के लिए छल और बल से कितने षड्यन्त्र नहीं रचे थे। कितने लोगों ने ईस्ट इंडिया कम्पनी के दरवाजे पर जाकर दस्तक नहीं दी होगी। सैन्य सहायता और मित्रता की शर्तोंवाले खरीतों का कितनी बार आदान-प्रदान नहीं हुआ होगा। उन दिनों देश पर मर मिटने वाले लोग कहाँ थे। इसकी पृष्ठभूमि में जाएँ तो झाँसी पर अंग्रेजों की मदद से गंगाधर राव ने अपना अधिकार सिद्ध किया था। उसी झाँसी से बाद में स्वयं रानी को अंग्रेजों ने

खारिज कर दिया था।

इतिहास में बार-बार वही घटनाएँ/दुर्घटनाएँ अपने आप में दोहराई जाती रही हैं। एक देशी राज्य की आयु समाप्त होने पर, कमिश्नर नाम का एक अंग्रेज राजा का स्थान ले लेता है। उसके तीन-चार सहयोगी सैकड़ों राज कर्मचारियों के स्थान पर अधिकार कर लेते हैं। और कठपुतलियों की तरह देशी राजाओं, नवाबों तथा बड़े जागीरदारों को नचाना शुरू कर देते हैं। झाँसी में इस बार भी ऐसा ही हुआ। नगर में इतनी बड़ी घटना हो गई, कहीं कोई हड़कम्प नहीं मचा। कहीं कोई हलचल दिखाई नहीं दी। सब कुछ वैसा ही चलता रहा जैसा पूर्व स्थिति में था। उस दिन शहर के बाजार भी वैसे ही खुले। दुकानों पर ग्राहक भी आए। वेश्याओं ने वैसे ही शृंगार किए। उनके बाजार में आवागमन भी पहले जैसा ही रहा। सेठों की हवेलियों की दिनचर्या भी लगभग पहले जैसी ही रही। हुंडियों पर वैसे ही पैसा आता-जाता रहा। मन्दिरों में वैसे ही घंटे बजे, मस्जिदों में भी वैसी ही आवाज में अजानें लोगों ने सुनी। फिर परिवर्तन कहाँ हुआ ?

हाँ तब्दीली आई। जैसे रानी को रात-रात भर नींद नहीं आती थी। वैसे ही कहीं झाँसी नगर भी चैन से सो नहीं पाता था। झाँसी की स्थिति निश्चय ही बदतर होती जा रही थी। इतिहास में यह सवाल बार-बार किया जाएगा। झाँसी में सैनिक और असैनिक कुल मिलाकर अस्सी अंग्रेज थे। दूसरी तरफ झाँसी के ही हजारों देसी सैनिकों की मौजूदगी। उनकी देश प्रेम की भावना तब कहाँ चली गई। बावजूद इन सबके नगर में एक कसाईखाना और खुल गया था। यही नहीं पशुओं के खून से सना चमड़ा अस्त-व्यस्त हालत में राजपथ से होकर ले जाया जाता था। धर्म, आस्था, संस्कार और परम्पराओं की विरासत का अपमान हिन्दूजन खुली आँखों से सहन करते हुए नपुंसक बन अंग्रेजों की अंग्रेजियत तथा आधुनिकता को खूब कोसते थे। जैसे उनके वश में अब यही था। अंग्रेजों को कोसना और मन्दिरों में घंटे बजाना।

झाँसी साम्राज्य की बदली हुई व्यवस्था से सभी खिन्न थे। पर वे कर भी क्या सकते थे। पुराने दरबारी चुप होकर बैठ गए थे। सबको अपनी जान की फिक्र थी। भला कोई क्यों जान जोखिम में डालता। झलकारी बदलती हुई परिस्थितियों को पढ़ने की जुगत में थी। झाँसी की प्रजा के बीच वह साधारण जन थी, लेकिन सोच उसकी असाधारण थी। जिस दिन ऐलिस ने घोषणा पढ़कर सुनाई थी। उसे भी सुनकर सदमा पहुँचा था। वह रानी नहीं थी, न ही किसी नबाब की बेगम, पर उसे अपनी झाँसी के छिन जाने का दुख था। कई बार उसने अपने पति से कहा भी, "मोय रानी से मिला दयो।" पर पूरन ने जवाब देते हुए कहा, "अबई तनिक ठहर जाओ। देखत नाय रानी वैसई मुसीबत में हतो।" अगले दिन झलकारी फिर यही कहती। पूरन स्वयं चाहता था कि ऐसे समय पर उन्हें तथा उनकी जाति के लोगों को रानी की मदद करनी चाहिए। पर वह असमंजस में था। महल में जाने पर टोकाटाकी होने लगी थी। एक तरफ अंग्रेजों को भय था कि

झाँसी के लोग कहीं कुछ बवाल खड़ा न कर दें तो दूसरी ओर स्वयं रानी को बार-बार अहसास होता था कि उसी के दरबारी तथा सैनिक अंग्रेजों से मिलकर उसे तथा उसके स्वामिभक्तों को जान से न मार दें।

भारत के बहुत से लोगों के हितों पर आघात किया था अंग्रेजों ने। वे हित व्यक्तिगत भी थे और सामूहिक भी। चुनांचे देसी रजवाड़े, जागीरें और मनसब सभी प्रभावित हुए थे। सभी तरफ असन्तोष था। झाँसी भी प्रभावित हुए कि बिना न रह सकी थी। झाँसी का सामाजिक, सांस्कृतिक और आर्थिक जीवन भी अस्थिर हो गया था। राजनीतिक स्थिति तो पहले से ही डाँवाडोल हो चुकी थी। सच कहा जाए तो झाँसी के लोग इसके अभ्यस्त हो चुके थे। महलों के भीतर अवश्य ही विलासिता थम गई थी। उसका कारण था खजाने पर ब्रितानिया ताले का लगाया जाना। बाहर वसूली हो रही थी। मन्दिरों के नौबतखानों में शहनाई के स्वर धीमे हो गए थे। राजा गंगाधर राव की प्रिय नाट्यशाला बन्द हो चुकी थी।

धार्मिक और सांस्कृतिक आयोजनों में अब वैसी चमक-दमक शेष नहीं रही थी। नगर के जीवन में प्रतिक्रियाएँ उभरने लगी थीं। जनता-जनार्दन का स्वभाव बदलना ही था। राजा और प्रजा दोनों अजीबोगरीब कशमकश में थे। उनके भीतर द्वन्द्व थे। इधर राजकोष खाली होने लगा था उधर जनता की कमर टूटने लगी थी। रानी रानी न रही थी वह असहाय हो गई थी। वह एक ओर अंग्रेजों का प्रतिवाद करती दूसरी ओर उन्हीं के उच्चाधिकारियों से सुलहनामा करने पर विवश भी होती। युद्ध की काली आँधी बिल्कुल सामने दिखाई दे रही थी। रानी पर दायित्व भी था और ऋण भी। साथ ही उनके आसपास जीवन-यापन करनेवाला एक विशाल आश्रित वर्ग भी। उनका पालन-पोषण करना अब समस्या बनती जा रही थी। शहर भर में याचकों, उपकृतों और दया के पात्रों की भीड़ थी। उनसे आँख मिलाने का भी साहस न था रानी में। कई दिन तक रानी ने दर्पण नहीं देखा था। कहीं अपने आपसे ही सवाल पूछ बैठे। उसका विद्रोही मन रह-रहकर तड़पता था। उसके भीतर खोने तथा पाने की छटपटाहट थी। अपने ही द्वन्द्व से स्वयं घायल हुई जा रही थी रानी।

नगर में सभी तरह के उत्सव ठहर से गए थे। बस एक ही उत्सव अब शेष था। जिसकी गूँज बार-बार रानी को उसके कर्तव्य तथा स्वाभिमान की याद दिला देती थी। वह उत्सव था युद्ध का। उसी से सबको निजात मिल सकती थी। वही एक विकल्प था शान्ति व्यवस्था और ठहराव का।

झाँसी पर विपत्ति के बादल मँडराने लगे थे। राजप्रासाद से लेकर जन सामान्य तक को यह अहसास होने लगा था। सभी के भीतर एक भय भी था। रानी को गद्दी छिनने का डर था तो जागीरदारों को उनकी जागीरें। और दस्तकारों से उनकी दस्तकारी। गरीब के पास हालाँकि खोने के लिए धन दौलत और सम्पत्ति न थी। पर उसे उसकी अस्मिता और पहचान के छिनने का डर था। देश और समाज की रचना में वह रचा-बसा था। झाँसी उसे अपनी जान से प्रिय थी। जिसे उसने अपने लहू से सींचा था। उसके पास

खिताब न थे और न ही खरीते। पर उससे उसका अपनापन छिन जाने का डर था।

इन दिनों रानी यह बात गम्भीरता से महसूस कर रही थी। उसने बर्खास्त हुई झाँसी की मौजूदा सेना का अन्दाजा लगाया था। आन्तरिक शासन व्यवस्था के साथ बाहरी व्यवस्था का भार अब यूँ उनके कन्धे पर न था। उसे अंग्रेजी सरकार ने अपने हाथ में ले लिया था। पर आपातकाल में व्यवस्था बनाना ही सबसे मुश्किल काम था। राजवंश से लेकर जागीरदारों और सामन्तों में भयानक तरह का परस्पर द्वेष और मतभेद था। उनकी तलवारें दुश्मन के लिए इस्तेमाल कम होती थीं जबकि जाति द्वेष और घृणा के आधार पर अपनों के लिए अधिक चमकती थीं। उच्च जात्याभिमानी अंग्रेजों के तलवे चाटते थे जबकि अपने से निम्न कहे जानेवालों पर जूता चलाने के लिए हर समय तैयार रहते थे।

झाँसी में भी वैसी ही विषमता थी जैसी अन्य रियासतों तथा जागीरों में। लोग अपनी-अपनी सोचते थे। उनकी सीमाएँ थीं। वे बुजदिल न थे, पर स्वार्थी जरूर थे। बुन्देला, ठाकुर, क्षत्रिय आदि के साथ काछी, कोरी, तेली, खटीक पासी सभी वर्गों के लोग भी अधिक संख्या में सेना में शामिल हों ऐसी योजना रानी ने बनाई थी। रानी ने अफगान, पठानों और मकरानी मुसलमानों को भी विश्वास में लेना चाहा था। झाँसी की रक्षा जो करनी थी, पर एक सवाल उन्हें बार-बार परेशान कर रहा था। वह था दलित जाति के लोगों को सैनिक बनाने का। कहीं अग्रिम पंक्ति के उच्च हिन्दू इससे बुरा न मान बैठें। उन्हें यह प्रस्ताव अच्छा भी लगेगा या नहीं। ठाकुरों की ठकुराई तो आड़े नहीं आएगी, ब्राह्मणों का ब्राह्मणत्व तो नहीं चला जाएगा। अपने आपको श्रेष्ठ कहने और माननेवाले लोगों की दुनिया में कहीं भूचाल तो नहीं आ जाएगा। रानी का सन्देह अपने स्थान पर ठीक निकला। जैसे बासी सब्जी में खदबदाहट होती है। सड़े हुए पानी में कुलबुलाहट होती है। बिल्कुल वैसा ही झाँसी के उच्च वर्गीय समाज में हुआ।

रानी से शिकायत के स्वर में बात की थी सवर्ण जाति के कुछ पुरुषों ने। ऐसे पुरुष जिन्हें अपनी जाति पर अभिमान था। सुबह का समय था, रानी पूजा अर्चना के बाद अपने कक्ष में अभी लौटी ही थी कि दासी ने उनके आने की सूचना दी। जैसे ही रानी अपने कक्ष से निकलकर दीवानेखास में आई। कुछ लोगों के तो माथे पर बल ही पड़ गए रानी को देखकर। रानी के केश खुले थे। सिर पर पल्लू नहीं था। उसके चेहरे तथा व्यवहार में पुरुष जैसा दम्भ था। दम्भ से दम्भ टकराया तो माथे पर बल पड़ने जरूरी थे। कुछ के भीतर तो भयंकर हाहाकार भर गया था। अपने भीतर के भावों को छुपाने का भरसक प्रयास किया था उन्होंने, पर रानी से कुछ भी छुपा न रह सका। रानी ने उनकी मनोदशा भाँपते हुए स्वर को थोड़ा मुलायम बनाते हुए पूछा, "कहिए क्या तकलीफ है ?"

सुनकर वे सब बगलें झाँकने लगे। मगन गन्धी और स्वामी आगे थे। तीन-चार लोगों ने संयुक्त स्वर में कहा था, "नहीं-नहीं रानी साहिबा आपके होते हुए भला क्या तकलीफ हो सकती है ?" उनकी लीपापोती पर थोड़ा मुस्कुराई थी रानी। फिर गम्भीर

स्वर उभरा था उनका, "मैं झाँसी की रानी हूँ। राजा अब नहीं रहे तो राजा भी मैं ही हूँ। बिल्कुल ऐसे जैसे किसी परिवार में पति की मृत्यु के बाद पत्नी की स्थिति होती है। वह पत्नी भी होती है और पति भी। माँ के साथ पिता की जिम्मेदारी भी उसे पूरी करनी पड़ती है। मुझ पर तो दोहरी जिम्मेदारी है।"

बिना एक पल ठहरे हुए रानी ने कह दिया था।

बीच में एक-दो ने हाँ में हाँ मिलाई थी। कुछ क्षण ठहर रानी फिर बोली थी, "ऐसी स्थिति में मुझे जिम्मेदारी तो निभानी पड़ेगी। लोगों की भावनाओं को भी समझना होगा।"

मगन गन्धी तथा श्याम चौधरी को जैसे सिरा मिला था। वे बड़े ही नफासत के अन्दाज में बोले थे, "रानी साहिबा हम तो आपकी कद्र करते हैं पर...।" बीच में बोल उठी थी रानी, "हाँ-हाँ जो मन में हो कहिएगा।"

झिझकते से इस बार श्याम चौधरी बोला था, "बस यही कि आप...हमारी भावनाओं को नहीं समझ पा रही हैं।" रानी ने सुना तो उनकी भृकुटि तन-सी गई। पर अपने-आपको थोड़ा संयत करते हुए पूछा था उन्होंने, "मैं किनकी भावनाओं को नहीं समझ रही हूँ ?" इस बार मगन गन्धी ने थोड़ी हिम्मत की थी, "रानी साहिबा, यही कि झाँसी के लोगों की भी कुछ भावनाएँ हैं। उनका मान-सम्मान है।" पलभर ठहर कर अपनी बात पूरी की थी मगन गन्धी ने, "रानी साहिबा, हिन्दू धर्म की भी कुछ परम्पराएँ हैं। जिन्हें लोग हजारों सालों से मानते चले आए हैं। सुना है आपने छोटी जातियों के लोगों को भी सेना में भर्ती होने का आदेश दिया है...।" बीच में श्याम चौधरी ने कहा था, "और महिलाओं को भी...।"

रानी समझ गई। उनके भीतर यही फाँस थी। जो जैसे-तैसे कर निकल रही थी। इसे उनका बड़प्पन कहा जाए या पिछड़ापन। इससे पहले कि रानी कुछ बोले उन्हीं के बीच से कोई बोल उठा, "पर रानी साहिबा, युद्ध क्षेत्र में लड़ना तो क्षत्रियों का कर्म है।" शालीनता से जवाब दिया था रानी ने, "हमें कोई बताए क्षत्रिय धर्म मन से है या जाति से ?" रानी के सवाल का जवाब किसी से देते नहीं बना था। वातावरण में कुछ पल चुप्पी रही। तभी श्याम चौधरी ने चुप्पी तोड़ते हुए कहा था, "रानी साहिबा हमारे पुरखों ने भी तो कुछ सोच-समझकर नियम कायदे बनाए होंगे।" रानी ने थोड़ा शान्ति से कहा था, देखिए श्याम चौधरीजी, नियम-कायदे बनते हैं समय देखकर। जब वही युग धर्म था अब यही युग धर्म है।

बीच में बोल पड़े थे श्याम चौधरी, "रानी साहिबा, भला धर्म भी कभी बदलता है, उसके कायदे, कानून, रीति-रिवाज, परम्पराएँ तो हमेशा एक जैसे रहते हैं।" तुरन्त जवाब में बोली थी रानी, "अब यही समझ लो, समय को धर्म को नए कायदों की जरूरत है। झाँसी को कुछ नए वीर योद्धा चाहिएं वे चाहे किसी भी जाति, धर्म तथा वर्ग के हों।"

बीच में फिर कोई बोला था, "पर ऐसा कैसे...?"

रानी को जैसे बोलना पड़ा, "अंग्रेजी सेना में कितने ऐंग्लो इंडियन, ईसाई,

मुसलमान, अफगान, पठान, मुगल, तुर्क, मंगोल, हिन्दू, सिख शूद्र होते हैं। वहाँ तो कोई छुआछूत नहीं होती।'' तभी मगन गन्धी के भीतर से आक्रोश से भरा स्वर उभरा था, ''ये ससुर अंग्रेजों ने ही तो हमारे देश में आकर सारी गड़बड़ पैदा की है।'' रानी को जैसे सूत्र मिला था, ''तो मगन गन्धी जी अंग्रेजों को कैसे सबक सिखाओगे ? एक दूसरे को छोटा मानकर। समाज में विषमता के बीज तो तुम सब पहले से ही बिखेर चुके हो।'' इस बार प्रत्युत्तर में कोई नहीं बोला था। उनके बीच चुप्पी व्याप्त थी। रानी गम्भीर स्वर में फिर बोली थी, ''जब झाँसी ही नहीं रहेगी तो झाँसी में तुम सब कहाँ रहोगे। फिरंगी आएँगे तो वे जाति पूछकर तुम्हें ठोकर नहीं मारेंगे। उनका आघात सभी को सहना होगा। यहाँ खून बहेगा।''

रानी आवेश में कहे जा रही थी, ''देखना एक दिन चारों तरफ लाशें पड़ी होंगी, उन्हें उठानेवाला भी कोई न होगा। फिर कहाँ होगी जात और कहाँ होगा आदमी ?'' सभी ने महसूस किया। रानी गम्भीर होती रही है। उन्होंने वहाँ से उठने में ही गनीमत समझी। उन्होंने एक दूसरे की आँखों में झाँका। संकेत था अब उठ लिया जाए और रानी को सलाम मारकर वे उठ लिए। दीवान-ए-ख़ास खाली हो गया था। रानी अकेली रह गई। दीवाने खास के फर्श पर चहलकदमी करते हुए जितना इन लोगों के बारे में सोचती थी उतना ही बेचैन हो जाती। दासी पानी का गिलास लिये खड़ी थीं। पर रानी को कहाँ पानी की प्यास थी। प्यास थी तो अपनी झाँसी को स्वाधीन बनाने की।

पुरुषों से कहीं अधिक जाति विषमता के कीटाणु स्त्रियों में थे। महिलाओं में हथियार चलाने की कहाँ परम्परा थी। परम्परा थी तो केवल जौहर की। हजारों स्त्रियाँ सैकड़ों सूरमाओं के लड़ते-लड़ते मर जाने पर आग में कूदकर मर जाती थीं। फिर उनका महिमामंडन किया जाता था। परिस्थितिवश महिलाएँ भी वैसा ही सोचती थीं, जैसे पुरुष प्रधान समाज ने उनकी मानसिकता बना दी थी। वे केवल भोग विलास की वस्तु थीं और पत्नी होने के बावजूद किसी दासी या रखैल से कम न थी। उनका व्यवहार उनका चलना-फिरना सब कुछ पुरुष समाज से नियन्त्रित होता था। जन्म से मृत्यु तक उन पर सामाजिक तथा धार्मिक बन्धन थे।

उनका चूड़ियाँ पहनना, बिन्दी लगाना, होंठ रँगना, धीमे स्वर से बातें करना, पति परमेश्वरों के हाथ-पाँव दबाना यह सब योद्धाओं और सूरमाओं को भाता था। उनके हाथ से जाम पीने में उन्हें कोई गुरेज न था, उनका नाच देखना उन्हें कबूल था, उनके नाज-नखरे उठाने को वे तैयार रहते थे, उन्हें पलकों पर बिठाना उनके जुनून में शामिल था, पर वे हथियार चलाएँ, यह सब बर्दाश्त के बाहर था। पुरुष ही क्यों महिलाओं में भी दाँत काटी रोटी थी। उन्हें जैसा सिखाया गया था वैसा ही वे अपनी संगनियों को सिखाती थी। यह पाठ न जाने कब से पढ़ा और पढ़ाया जा रहा था। झाँसी की रानी ने इसका दर्शन ही उलट दिया था। समाज में खलबली मचनी लाजमी थी।

खलबली होने का एक खास कारण और था। वह था दलित समाज की एक महिला को महिला सेना का कमांडर बना देना। रूढ़ियों और परम्पराओं में लिपटी झाँसी की स्थिति शुतुरमुर्ग जैसी हो गई थी। पर सन्तोष की बात थी कि कुछ सिरफिरे रूढ़िवादियों को छोड़कर हिन्दू-मुसलमान सभी ने बिना किसी भेदभाव के रानी की पताका के नीचे मर मिटने की कसम खाई थी। झाँसी के खास और आम जीवन में उत्साह तथा प्रेरणा का संचार होने लगा। झाँसी पर विपत्ति जो आई थी। उस विपत्ति का सामना तो मिलजुलकर ही किया जा सकता था। रानी को इस बात की उम्मीद थी। आशा थी कि झाँसी के महाजन, हवेलीदार, जागीरदार, नवाब उसका साथ देंगे। उसने खास लोगों के मन की थाह लेने का प्रयास किया था। आरम्भ में बात करने में थोड़ी परेशानी हुई थी। रानी की बात सुनकर कुछ लोगों ने तो मुँह बिचका लिया था। वे सब कुछ बर्दाश्त कर सकते थे, पर दलित समाज के लोग तलवार उठाएँ यह उन्हें सहन नहीं था उन्हें। पर बाद में रानी के जोर देने पर वे इन सबके लिए तैयार हुए थे। जैसे जैसे परिस्थितियों ने सब कुछ समझा दिया हो उन्होंने।

इस बीच झलकारी दो बार रानी से मिल आई थी। पहली बार वह स्वयं महल गई थी और दूसरी बार रानी ने बुलवाया था। झलकारी के साथ पूरन भी रानी से मिला था। रानी ने दोनों के भीतर उमड़े देश प्रेम की प्रशंसा की थी। झाँसी में बहुत कम परिवारों में ऐसा हुआ था जो उन्होंने कर दिखाया था।

दूसरी ओर दलित पिछड़े समाज के लोगों में जैसे उत्साह का नवीन संचार हुआ था। विशेष रूप में महिलाओं की सेना बनाने के रानी के प्रस्ताव का तो स्वयं उन वर्गों की महिलाओं ने स्वागत किया था। घर गृहस्थी के काम धन्धों के अलावा तलवार चलाना, भाला फेंकना, बन्दूक चलाना आदि सीखने को तो मिलेगा। सभी औरतें एक-दूसरे से इसी बारे में बतियाती थीं। रानी से भी उनकी मुलाकात हो चुकी थीं। जो महिला कभी किले की दीवार के पास तक न गई थी वह आज किले के भीतर मौजूद थी। ऐसा सुखद अनुभव उनके लिए और क्या हो सकता था। किले तक ही क्यों बहुत सी महिलाएँ तो महलों तक हो आई थीं। उनके भीतर नए तरह का उत्साह आया था। घर के भीतर और घर के बाहर की दुनिया के अन्तर को नजदीक से समझा था उन्होंने। जीवन के इतने सारे रंग भी हो सकते हैं, पहली बार महसूस किया था उन्होंने।

झलकारी बचपन से ही वीर और साहसी स्वभाव की थी। उसमें उत्साह तथा तत्परता जैसे गुणों का समावेश था। वह ईमानदार और मेहनती थी। उसके मन में आरम्भ से ही सैनिक बनने की लगन थी। सैनिकों को वर्दी में देख तथा युद्ध का डंका बजते हुए सुनकर उसकी भुजाएँ भी रण क्षेत्र में जाने को फड़कने लगती थीं। जब कभी उसके आसपास तलवारें चलने तथा गोला फूटने की गूँज होती, जैसे उसके कानों में कोई कहता, ''झलकारी तुझे भी सैनिक बनना है। तुझे देश सेवा करनी है। तुझे अंग्रेजों को अपनी धरती से भगाना है।'' ऐसे समय पर उसके मन में देश प्रेम की ज्वाला धधकने लगती। जो उसे बेचैन कर देती।

दलित समाज के लोग साहसी थे और बहादुर भी, लेकिन उनकी अपनी पहचान बने, ऐसा सवर्ण समाज नहीं चाहता था। उत्तरी भारत में उनके लिए पग-पग पर अड़चनें थीं। वर्ण-व्यवस्था की दस्तक थी। जिसने भारतीय समाज को अनेक धाराओं में बाँट रखा था। रुचि, विचार तथा परम्पराओं के साथ रूढ़ियों की दलदल में वही विराट संस्कृतिवाला समाज धँसा था। वे परम्पराएँ एक जाति को ऊर्जा देती थीं तो दूसरी की अस्मिता पर वार करती थीं। कैसी थी धर्म की मीमांसा और कैसे थे धर्म की मीमांसा करनेवाले लोग।

ऐसी विषम परिस्थितियों में कोरी समाज की एक महिला ने देश और समाज की आनबान के लिए सैनिक बनने का साहस किया था। कितना अपूर्व साहस था उसका। पर क्या उसके साहस की प्रशंसा समाज ने की, उसका मान बढ़ाते हुए अच्छी नजरों से देखा? क्योंकि जब झलकारी ने घर पर अपनी सास से सैनिक बनने की बात की तो उसे यही जवाब मिला था।

''तुम्हें हमारा आशीर्वाद है। पर इस समाज का भी ध्यान रखना, जिसने हमारी जगह पहले से ही निश्चित की हुई है। भला वे लोग तुम्हें सैनिक के रूप में स्वीकार कर सकेंगे।'' स्वयं कोरी समाज के बड़े-बूढ़ों को झलकारी का स्वतन्त्रता से आना-जाना पसन्द न था। नीम की छाँव या चबूतरे पर बैठकर नहीं तो फिर चलते-फिरते लोग उसी के बारे में चर्चा करते थे।

कोई कहता, ''कछु सुना भइया पूरन अपनी घरवाली को पैल्वान बना रओ। वो मलखंब सिखाउत।''

दूसरा जवाब में बोलता, ''य्यै तो परमपरा के विरोध की बात है भई।''

तीसरा भी चुप न रहता वह तत्काल कह उठता, ''पुरखन लौ जा रीत कबऊ न रई। दुलइयन कौ काम घर चलाबौ है।''

चौथा नमक-मिर्च लगाने में पीछे न रहता, ''यह बहू तो म्हारी नाक कटवाने पै ठाड़ी भई है।''

पाँचवाँ भी हाँ में हाँ मिलाता, ''अरे बहू की बात तो दर किनार रही। जो पूरन की आँख मिची हैं तो कोउ का करै ?'' पल-भर के लिए उनकी बातों में जैसे विराम लगता, फिर पहलेवाला बोल उठता, ''बात तो ठीक है।'' अचानक चार-पाँच बूढ़े एक स्वर में कह उठते, ''झलय्या ठीकई आऊर हम गलत।''

सभी एक-दूसरे की ओर प्रश्नवाचक नजरों से देखने लगते। जैसे सबके तरकस में सवाल ही सवाल हो। जवाब के लिए वे एक-दूसरे की आँखों में आँखें डाल देखते। कभी-कभी संकेत की भाषा का भी प्रयोग करते, पर हल कुछ नहीं निकलता। महज बुदबुदाते हुए नई पीढ़ी को कोसते।

रुग्ण समाज में विषमता के कीटाणुओं की संख्या बढ़ने लगी थी। जो सड़ते को और अधिक सड़ाने में तत्पर थे। रूढ़ियाँ और परम्पराएँ पहले थीं आदमी बाद में। देश पर आई विपत्ति को जानते-समझते हुए भी लोग बेखबर थे। क्षत्रियों के अलावा किसी

के सैनिक बनने पर या तो वे विरोध करते थे या फिर उपहास। महिलाओं का युद्ध क्षेत्र में जाकर लड़ना तो उन्हें बिल्कुल भी बर्दाश्त न था। खुली आँखों से गुलामी की नींद में खोए हुए उन गुलामों की यह कहानी थी।

उन्नाव द्वार के उत्तर में एक बड़ा टीला था। और उसके ऊपर अंजनी देवी का मन्दिर। उसी के नाम से यह टीला अंजनी की टोरिया कहलाता था। अंजनी टोरिया झलकारी के घर से लगभग आधा कोस दूर था। ढलान में और पाठे के निकट देखें तो इस तरफ एक सुरम्य नाला बहता रहा है, जिसमें पहुज नदी का पानी बहता हुआ लक्ष्मी ताल में पहुँचता था। पहले यह नाला बहुत गहरा था। लेकिन पुरते-पुरते छोटा सा रह गया। जो गर्मी में सूखा रहता। बरसात होने पर केवल बरसाती पानी बहता था उसमें ?

मन्दिर के सामने तीन वृक्ष थे। पीपल, नीम और मेहँदी। दाहिनी ओर नीम, बीच में मेहँदी तथा बाईं ओर पीपल, जिसकी घनी छाया मन्दिर तथा आसपास के परिवेश पर बनी रहती थी। गर्मी के दिनों में इस शीतल छाया में बैठना लोगों को सुहाता रहा था। ऊपर डाल पर चहचहाते हुए पंछी। कभी-कभी पथिक भी आकर्षित हुए बिना नहीं रह पाते। दाहिनी ओर ढाल के नीचे धान की खेती होती है। बाईं ओर पचास-साठ गज का मैदान। मैदान के आगे चलने पर दो चोटियाँ, जिन्हें लोग अंजनी की टोरिया नाम से पुकारते रहे थे। इन्हीं पर झलकारी निशानेबाजी करने के लिए आती थी। रानी ने उसे सेना का कमांडर जो बनाया था। वह पहले स्वयं मेहनत और लगन से सीखती फिर दूसरों को सिखाती।

नाले के साथ-साथ बीहड़ जंगल था। यहाँ बरेदी ढोर चराने आया करते थे। झलकारी ने कई लोगों के मुँह से सुना कि इसी जंगल से कोई भेड़िया आकर नाले के भरके में छुपा है। जो बछड़े, बछिया के साथ भेड़ तथा बकरी मारकर खा जाता है। कई लोगों का उधर आना-जाना था। पर वे सभी डरते-डरते रास्ता पार कर पाते थे। आदमी की भेड़िए से बिसात ही क्या थी। कई बरेदी ने शिकायत भी की थी। किसी के जानवर को भेड़िया चट कर गया तो किसी को घायल। घने जंगल में सुननेवाला कौन था। यह सब सुन झलकारी को बुरा लगता था। वह सोचती आखिर गरीब लोगों के दुख-दर्द को सुननेवाला कौन है ? उसका मन कहता था कि वह उस भेड़िए को वहाँ जाकर खुद मारे।

जाड़े की ऋतु थी। मेह बरस जाने के कारण ठंड और भी बढ़ गई थी। आकाश साफ था। लेकिन कहीं-कहीं अभी भी बदली छाई हुई थी। हवा तेज थी। छोटे-छोटे गड्ढे पानी से भर गए थे। चारों ओर हरियाली विछी थी। झलकारी मुँह अँधेरे उठी। हाथ-मुँह धोकर थोड़ा सा सत्तू गुड़ का कलेवा किया। अपनी बन्दूक उठाकर कन्धे पर रख ली। कारतूस की पेटी कन्धे पर लटकाकर अंजनी टोरिया की ओर चल दी।

घर से बाहर जैसे ही वह निकली, ठंडी हवा के झोंके ने उसके शरीर को कँपकँपा दिया। हाथ-पाँव की अँगुलियाँ ठिठुरने लगी थीं। कान हवा की सर्द से ठंडे पड़ने लगे

थे। बार-बार वह अपनो ओढ़नी को चारों ओर से समेटकर बदन को ढक लेती थी, पर तेज हवा के झोंके उसकी ओढ़नी को सिर पर से उड़ाते हुए नीचे कर देते थे। पल भर के लिए ढके कान फिर से खुल जाते, जिन्हें वह तुरन्त ढक लेती। पर हवा और ठंड से वह कैसे बच पाती।

चारों तरफ हरियाली बिछी हुई थी। उसके सामने प्रकृति की अपूर्व छटा फैली थी। सुरम्य पहाड़ी की सुन्दरता देखते ही बनती थी। दिन चढ़ने पर सर्दी कुछ कम हुई। धूप निकली तो उसका मन खिल उठा। शरीर में स्फूर्ति आई। चिड़ियों की चहचहाहट, कोयलों की कूक, पपीहों की पुकार और मोरों की नाँद गूँज रही थीं। वह बन्दूक कन्धे के सहारे रख पेड़ की आड़ में बैठ गई। अभी थोड़ी देर भी नहीं हुई थी कि उसने देखा। भरके से भेड़िया निकलकर आगे बढ़ा। उसने अपनी बन्दूक सँभाली। घोड़े को खींचा। तत्काल गोली भरी। उसका बायाँ हाथ बैरल और दाहिना हाथ बट पर पहुँच गया। उसने एक आँख दबाई और निशाना लिया। भेड़िया अभी भी उसके सामने था। तभी बन्दूक से गोली चली। धाँय..., गोली चलने से आसपास का शान्त वातावरण गूँज उठा था। पेड़ों की डाल तथा टहनियों पर बैठे हुए पक्षी अपने-अपने पंख-फड़फड़ाते हुए नीले आकाश की ओर उड़ चले थे। उनकी उड़ान में गति थी। नीचे जमीन पर चर रहे जानवर भी दौड़ने लगे थे।

झलकारी की बन्दूक से गोली तो छूट चुकी थी। पर गोली कहाँ लगी, किसे लगी उसके मन में सन्देह था बन्दूक कन्धे से हटाकर उसने देखा। सामने कोई न था। उसके भीतर घबराहट भी हुई, यह सोचकर कि कहीं गोली भेड़िये को न लगकर किसी और को लग गई तो...। भेड़-बकरी थी या बछिया, सींग तो दिखाई नहीं दिए। मन ने ढांढस बँधाया कि भेड़ होगी, लेकिन बछिया का सन्देह प्रबल हो रहा था। जंगल में अब और निशाना बाँधने में मन न लगा। तेज कदमों से घर लौट आई।

दरवाजे पर आहट सुन काम करते हुए पूरन ने बदहवास हालत में घर के भीतर प्रवेश करते हुए झलकारी को देखा। उसके शरीर से पसीना छूट रहा था माथे पर ओस जैसी बूँदें झलक आई थीं। थकान और घबराहट के मारे एक कोने में खड़ी हो हाँफने लगी थी। झलकारी कई बार बन्दूक चलाने के अभ्यास के लिए जंगल गई थी, पर आज तक वह ऐसी स्थिति में नहीं लौटी थी। आज ऐसी हालत में देख वह स्वयं घबरा उठी थी। भयभीत से स्वर में पूछ बैठा वह, "झलकारी, का बात है गई ?"

झलकारी ने जंगल में हुई सारी बात बतला दी। सुनकर पूरन और भी घबरा गया। वैसे ही स्वर में वह बोला, "यौ तुमने का करो ? तुमने जौं तक न देखई की भेड़ हती या बछिया, बो मर गई की जिन्दा।" पल-भर ठहरकर फिर पूछा उसने, "तुमने काहू से पूछ ताछ न करी, ढोर कौन के हते ?"

थके हुए स्वर में जवाब दिया था झलकारी ने, "उतै कोउ हतोई नई, मैं कीसें पूछती, बरेदी भी नई हतौ।"

"न जाने ढोर कहाँ से आय मरे," पूरन फिर बोला था। इस बार उसके स्वर में

दुख फूट रहा था, "यदि बछिया हुई तो समाज में हमाये दिन समझो बुरे आ गए। लोग वैसेई नाराज हैं।" झलकारी को स्वयं अपनी गलती का अहसास था। पर अब कर भी क्या सकती है। वह इतना ही कह सकी, "मोसौं चूक भई।"

दोनों घबराहट में इतने परेशान थे कि उन्हें इस बात का जरा भी पता नहीं लगा कि उनकी बातें चोरी-चोरी कोई सुन रहा है। भीत से सटी वहाँ बस्ती की ही एक बुढ़िया थी। सब बातें सुनकर वह चलते बनी थी। पूरन और अधिक उदास हो गया था। उसकी समझ में नहीं आ रहा था कि वह क्या करे ? तभी उसके मन में एक विचार आया कि क्यों न लोगों को मालूम होने से पहले टोरियों पर जाकर पता लगाया जाए। झलकारी को घर ही रहने को कहकर वह सीधे अंजनी की टोरियों की ओर भागा। रास्ते में वह सोचता जाता था कि यदि बरेदी मिल गया तो तो दस भेड़-बकरी के दाम देकर समझा लेंगे। पर यदि बछिया मरी तो क्या होगा ? हम कहीं के न रहेंगे। समाज में मुँह दिखाना भी मुश्किल हो जाएगा। यह सब सोचते हुए वह आगे की ओर भागता ही जाता था।

असल में झलकारी की गोली एक बछिया के पैर में लगी थी। जो कुछ खास घायल नहीं हुई थी। बछिया एक ब्राह्मण की थी। वहाँ से हटाकर चुपके से दतिया रवाना कर दी थी। और ब्राह्मण को पढ़ा दिया कि कह दे कि बछिया उसके सामने झलकारी ने मार डाली। क्योंकि सभी जानते थे कि झलकारी प्रतिदिन वहाँ अभ्यास करने आती है। सबको उससे डाह थी। एक महिला से बैर चुकाने का अच्छा तरीक ढूँढ़ा था उन्होंने।

उधर पूरन टोरिया पर पहुँचा तो उसे वहाँ कोई न मिला। बरेदी तो दूर बछिया का चिह्न तक न मिला। उसने जंगल का कोना-कोना छान मारा। पर कहीं पर कुछ हो तो मिलता।

सन्ध्या को जब वह थका-हारा घर लौटा तो चारों तरफ उसी के बारे में चर्चा हो रही थी। यहाँ तक कि जाति-बिरादरीवाले भी पीछे न थे। नगर-भर में शोर हो गया था कि पूरन की घरवाली ने गऊ हत्या कर दी। बस्ती में बढ़-चढ़कर उनके खिलाफ जहर उगला जा रहा था।

कोई कहता, "अरे वह बन्दूक के घमंड में इतना चूर हो गई कि उसे बछिया तक दिखाई न दी।" दूसरा उसकी जवानी पर टिप्पणी करता, "गलती उसकी नई उस पर जवानी छा गई है।" तीसरा कहता, "शरीर पर चर्बी आ जाने से आँखें भिंच गईं।" जितने मुँह उतनी ही बातें। आनन-फानन में लोगों ने जाति बहिष्कार का दंड देने के लिए पंचायत बुलाने का निर्णय ले लिया। लगता था सभी उसके पीछे हाथ धोकर पड़े थे। उनसे मिलना तो दूर, किसी ने उन दोनों की तरफ आँख उठाकर भी नहीं देखा। आज झलकारी ने चूल्हा तक न जलाया था। दोनों घर में उदास मुँह लिये भूखे-प्यासे बैठे रहे। सास भी गुमसुम थी। कुएँ, घाट, नदी-नाले सभी पर जाना बन्द हो गया। एक दिन में ही उनके खिलाफ तिल का ताड़ बना दिया गया था।

पूरन को पंचायत बैठने की खबर पहले ही दे दी गई थी। अन्ततः वह समय आ

गया जब उसे पंचायत के सामने उपस्थित होना था। पंचायत भरी-पूरी थी। नगर की बस्तियों के अलावा आसपास के गाँवों से भी पंच आए थे। वे सभी परम्परा तथा रूढ़ियों को साथ लाए थे। साथ ही दलित तथा पिछड़े समाज के प्रति अपने भीतर आक्रोश भी। उनमें सभी जातियों के पंच मौजूद थे। स्त्रियों को पंचायत में आने की अनुमति न थी इसलिए झलकारी उदास हो बुर्ज पर खड़ी होकर देखने लगी।

झलकारी का बदला आज पूरन से लेना था। पूरन का इस संसार में कोई न था। उसके रिश्तेदार उसके लिए मर चुके थे। पंच ही उसके लिए परमेश्वर थे। पंचों का निर्णय परमात्मा भी नहीं काट सकता था। पंचायत में महते, मुखिया, छड़ी बरदार, चौधरी छोटे-बड़े सभी लोग सम्मिलित थे। कोई कहता था, मर्द अब चूड़ियाँ पहनेंगे, औरतें मलखंब करेंगी। सब अपनी-अपनी भड़ांस निकाल रहे थे। किसी को औरतों से कुंठा थी तो कोई कोरी जाति के लोगों की थोड़ी-बहुत उन्नति देख जल-भुनकर बैठा था।

पूरन के कानों में ये शब्द बार-बार गूँज रहे थे। वह उस घायल शेर की तरह था, जिसे सामाजिक नियमों और परम्पराओं के कटघरे में बन्द कर दिया था। समाज का सबसे बलिष्ठ और हृष्ट-पुष्ट व्यक्ति आज के दिन तिलमिलाने के अलावा और कर ही क्या कर सकता था। जो सीना अखाड़े में सदैव तना रहता था, जिस गर्दन को मल्लयुद्ध में कोई झुका नहीं पाया था, आज वही पंचों के आगे झुकी हुई थी। गरदन भी उठाकर देखे तो किसे। सभी की आँखों में घृणा और नफरत भरी हुई थी। वे बैठे-बैठे उसे धिक्कार रहे थे। पंचायत में शोर था। लोग एक-दूसरे से बढ़-चढ़कर अपनी-अपनी बात कहना चाहते थे।

एकाएक एक बुजुर्ग व्यक्ति ने चिल्लाकर कहा, "शान्त होकर बैठो। रोला मत करो।"

सबने देखा उन्हें चुप करनेवाला बुजुर्ग काफी उम्र का था। हाथ में लाठी लिये हुए था वह। उसके बोलने से भनभनाहट कम हो गई थी और पंचायत में सन्नाटा छा गया था। तभी दूसरे बुजुर्ग ने कहा था, "पंचायत शुरू की जाए।"

उसकी बात सुनकर जैसे अन्य लोगों को प्रेरणा मिली हो। कुछ लोग एक साथ बोल उठे, "हाँ-हाँ, पंचायत शुरू की जाए।"

पूरन को पंचों के बीच खड़ा कर दिया गया था। सभी की निगाहें उस पर टिक गई थीं। उन आँखों में सवाल दर सवाल थे। तभी किसी ने सवाल किया था, "झलकारी टोरिया पर कैसे गई ?"

पूरन ने सिर थोड़ा उठाते हुए जवाब दिया था, "पंचो, गलती माफ हो। वह एक दिन गौर पूजने महल गई थी। जहाँ रानी ने देश की खातिर बन्दूक और तलवार चलाने की बात कही थी। पंचों इसी अभ्यास के कारन वह टोरियों पर गई थी।"

तभी दूसरे बुजुर्ग ने गोली की तरह अपना उपदेश दाग दिया था, "लेकिन तुम्हें मालूम है कि बहुओं का घूँघट खोलकर डाँग में फिरना, बन्दूकें चलाना हमारे जातीय धर्म के खिलाफ हैं।"

पूरन ने केवल हामी भरी थी। फिर मुखिया ने ललकारा था,

"फिर तुम्हारी बहू के आँखें नहीं थीं, जो वहाँ जाकर एक गरीब ब्राह्मण की बछिया की हत्या कर दी।"

घबराते हुए पूरन के मुख से निकला, "जो तो हम नहीं कह सकते सरकार, परन्तु पंचदाता बछिया मरी नहीं, जिन्दा है।" पंचों में से एक अधेड़ उम्र का व्यक्ति तपाक से बोला, "तुम्हारे पास कोई सबूत है ?" जवाब दिया था पूरन ने, "सबूत तो मेरे पास कहू नइयां सरकार।" तभी मुखिया ने गुस्से में कहा, "अपने को बचाव खातिर झूठ बोल रहे हो तुम। इसे कठोर दंड दिया जाए।" मुखिया की बात सुनकर कुछ आवाजें संयुक्त रूप से उभरी थीं, "हाँ-हाँ इसे दंड दो, इसे दंड दो।"

कुछ ही पलों में पंचायत में कोलाहल हो गया था। हर आदमी के हाथ में जैसे एक एक पत्थर था। अवसर मिलने पर वह मारने को तैयार था। पंचों के बीच से अलग-अलग आवाजें आ रही थीं। कोई सुनाई देती तो कोई नहीं। पूरन को लगा जैसे वे सभी उसके खिलाफ न हो जाएँ। अतः एक बार फिर हिम्मत कर उसने धीरे से कहने की कोशिश की थी, "महाराज, मरी तो नइयां।" चौधरी तत्काल डाँटते हुए बोले थे, "तो का मुखिया झूटइ कै रयै ?" पूरन को फिर बोलना पड़ा। पर स्वर उसका धीमा ही था।

"सुम में गोली लगने तै घायल एन भई।" उसके द्वारा बचाव का यह प्रयास भी विफल हो गया था। उसे घेरने की तैयारी चारों ओर से पूरी जो कर ली गई थी।

बीच में बोल उठा था बरेदी, "गोली लगते तै मर गई, मैं तो आँखिन देखी बताउत।"

इस बार ब्राह्मण ने कहा था, "बछिया मेई हती।"

इसके बाद कोई तर्क सुनना शेष न था। अब मुखिया ने अपना निर्णय सुनाया था, "बछिया हाजिर करों तो कछु होय।"

मुखिया की बात सुनकर सबके बीच सन्नाटा छा गया था। मुखिया का फैसला ही कुछ ऐसा था। जो केवल लीपा-पोती थी। उस फैसले से पूरन को किसी षड्यन्त्र की गन्ध आई थी। बछिया को पंचों के बीच भला कैसे वह उपस्थित कर पाएगा। बछिया तो छिपा दी गई थी। वह पूर्ण रूप से निरुत्तर हो गया था। मुखिया ने एक भी शब्द कहने का अवसर नहीं दिया था। वह कहे भी तो कौन विश्वास करेगा उस पर। दुखद परिस्थितियों का उनके खिलाफ निर्माण हो रहा था। तभी चौधरी की गम्भीर आवाज ने चुप्पी तोड़ी,

"गऊ हत्या बड़ोइ पाप हतै, जासे तोय जाति सै निकारौ जात।" दूसरा कहता, "अरे वह इतनी मस्ता गई है कि राहगीरों के साथ मार-पीट करती है।"

तीसरा बोले बिना न रहता, "प्रायश्चित कराओ।"

फिर चौथा कह उठता, "गधे पर बिठलाकर मुँह काला करो।"

तभी पाँचवाँ अपनी तरफ से कुछ जोड़ता, "जब तक प्रायश्चित न हो जाए तब तक कुआँ, बाजार, पड़ोस उसके लिए सब बन्द रहें।"

छठा भी खड़े होकर कहता, "भोजन पकाने के लिए कोई पूरन को आग तक न दे।"

सातवाँ तर्क देता, "कोई उसको छुए भी नहीं।"

सातवाँ कहाँ पीछे रहता। झट से बोल उठा, "कोई उसकी तरफ देखे भी नई।"

अन्त में काला मुँह करके गधे पर चढ़ाकर बाजार में जुलूस निकालने की बात तय की गई। पंचायत में समर्थन के लिए हाँ-हाँ यह ठीक है, स्वर उभरने लगे थे।

पंचों के बीच यह अन्तिम फैसला था। उनके लिए अब आशा की एक भी किरण शेष नहीं रही थी। उसके सामने अँधेरा छा गया था। तभी उसने सुना मुखिया कह रहा था, "पंच परमेश्वर हैं। परमेश्वर उचित ही निर्णय करता है।"

मुखिया ने सभी को उठने का संकेत किया था। थोड़ी देर में ही सब लोग उठ-उठकर चले गए थे। पर उसका शरीर जैसे जवाब दे गया था। पूरन सबसे पीछे उठा। जब उठा तो पंच परमेश्वरों की धूल उसके हिस्से में आई। फैसला सुनाकर पंच अपने-अपने घर लौट रहे थे और पूरन नतमस्तक हुए बस उड़ती हुई धूल को देख रहा था। उसका मन और तन अजीबोगरीब पीड़ा से बोझिल था। नस-नस में यन्त्रणा थी। मुँह लटकाए वह चुपचाप घर की ओर चल दिया। न कोई संगी न साथी रास्ते में किसी से बात करने का मन नहीं हुआ। न वे उससे बोले और न ही वह उनसे बोल बतियाया। अधिकांश लोग परिचित थे। उनकी आँखों में ढेर सारे सवाल थे। सबसे बड़ा सवाल था गऊ हत्या का। जिसकी सजा हिन्दू समाज में पहले से ही निश्चित थी। जो सबको मान्य थी। पर उन्हें तो झूठे ही गऊ-हत्या के अपराध में फँसाया गया था। वह किसके पास जाकर अपना दुखड़ा रोए। इसी चिन्ता में डूबा हुआ वह घर तक पहुँचा।

झलकारी पहले से ही वहाँ मौजूद थी। वह भी वैसी ही चिन्ता में डूबी हुई थी। उसके भीतर भी वैसा ही द्वन्द्व था। इसलिए कि झलकारी को पहले से ही यह मर्मान्तक समाचार मिल गया था। वह बेसब्री से अपने पति का ही इन्तजार कर रही थी। जैसे ही पूरन ने घर में प्रवेश किया। उसने अपने मन की बात कहनी चाही। पर झलकारी पति से पहले ही कह बैठी,

"मोय मालूम पड़ गयौ है," उसकी आवाज में विषाद था।

सुनकर पूरन गहरी पीड़ा से चारपाई पर बैठ गया था। अब कहे तो क्या ? घर में अजीब चुप्पी व्याप्त थी। कुछ देर मूर्तिवत् बैठे हुए दोनों एक-दूसरे की ओर देखते रहे थे बस। फिर झलकारी ने ही स्तब्धता भंग की "भुनसारैं कल शुक्कुर है। बाई साब लक्ष्मी पूजन को जैं है। तुम हलवाईपुरा में उनके चरन धल्लो। बस बेई निन्नय कर हैं।"

जातीय और सामाजिक परम्पराओं/नियमों के अनुसार जाति बहिष्कार की सजा सुन पूरन का मन व्यथित था। झलकारी की सलाह उसे आशा की एक किरण जैसी लगी। ऐसा करने में कुछ नुकसान भी नहीं है। रानी उदार है, दयालु है और गरीबों के दुख-दर्द को

समझती है। हो सके है कि रानी हमारी परेशानियों को समझ ले। ऐसा सोचते हुए उसने वैसा ही करने का मन बना लिया जैसा झलकारी ने कहा था।

अगले दिन जैसे ही रानी लक्ष्मीबाई हलवाई पुरा में आई, सड़क के बीच में आकर उसने रानी के चरण पकड़ लिये और भरे गले से एक ही साँस में अपनी व्यथा बतला दी। उन्हें विश्वास दिलाया कि बछिया मरी नहीं है। वह कहीं छिपा दी गई है। यह सब सुनकर रानी को अत्यन्त क्रोध आ गया। उनके राज में ऐसा घोर अन्याय। उन्होंने पूरन को विश्वास दिलाया कि उनके साथ न्याय होगा। सुनकर पूरन के मन को तसल्ली हुई। अब तक तो उसके भीतर बेचैनी भरी थी वह सब दूर हो गई थी। मन शान्त हुआ। जैसे किसी भयंकर तूफान से निजात मिली हो।

तत्काल रानी ने ब्राह्मण को बुलवाया। सैनिक सन्देश लेकर चला गया था। जल्दी ही ब्राह्मण आ गया। उसे सामने देख रानी के चेहरे पर गुस्से की हल्की लाली छा गई थी। वह सोचने लगी ब्राह्मण और ऐसे षड्यन्त्र में शामिल। पर मन की बात होंठों तक न ला सकी। उन्होंने अपने स्वर को संयत रखते हुए पूछा, "महाराज, आपको बछिया के विषय में कुछ ज्ञात है ?" सुनकर पहले चौंका था ब्राह्मण। फिर स्वयं को सँभालते हुए कहा था, "बाई साहिबा, मैं समझा नहीं।"

रानी का स्वर अभी भी संयत था, "वह बछिया जो झलकारी की गोली से...।"

बीच में ही बोल उठा, "हाँ-हाँ, वह मेरी बछिया ही थी रानी साहिबा। घटनास्थल पर ही मर गई। मुझे बरेदी से घटना का पता चला।"

रानी पूछ बैठी, "क्या तुमने वहाँ जाकर देखा ?"

तत्काल जवाब में बोला था, "जी हाँ, बछिया मरी मिली थी।"

"फिर से तो कहें, महाराज आपने वहाँ क्या देखा था।" कहते हुए रानी ने ब्राह्मण की आँखों में देखा। लेकिन ब्राह्मण रानी से नजरें नहीं मिला सका और नजरें नीची कर लीं उसने। होंठ जैसे सिल गए हों। कुछ देर चुप्पी रही। इस बार रानी ने इतना ही कहा, "महाराज।" उसने गरदन उठाकर देखा।

रानी का संदेह पक्का हो गया था। ब्राह्मण की झूठ-भरी बातें सुनकर रानी का चेहरा गुस्से से तमतमा उठा। फिर भी उन्होंने अपने क्रोध पर काबू रखते हुए कहा, "तुम झूठ बोलते हो, सच-सच कहो। तुम्हें जल की सौगन्ध है।"

रानी के चेहरे पर क्रोध की ललाई देखकर ब्राह्मण सहम-सा गया। उसे काटो तो खून नहीं। उसे लगा जैसे उसका झूठ पकड़ा गया हो। अब तक स्वयं रानी साहिबा भी ब्राह्मण के चेहरे पर आते-जाते भावों को पढ़ चुकी थी। तभी रानी ने सुना। वह कह रहा था, "बाई साहिबा, गलती छिमा होय। बा मरी नैयाँ दतिया में भिजवा दई।"

अब स्थिति पूरी तरह से साफ हो चुकी थी। हालाँकि रानी को सन्देह पहले भी था। लेकिन वह यह सब ब्राह्मण के मुख से सुनना चाहती थी। झूठ आखिर कब तक छुपा रहता। वह झूठ जो सामाजिक अन्याय का प्रतीक था। वह भी एक नारी के खिलाफ। ऐसी नारी जो दलित समाज में जन्म लेकर कुछ करना चाहती थी। अन्ततः

रानी को कहना पड़ा, "झूठ बोलने के लिए इतना प्रपंच रचने पर तुम्हें दंड दिया जाएगा।"

रानी का निर्णय सुनकर स्वयं ब्राह्मण उनके कदमों में गिरते हुए गिड़गिड़ाया, "बाई साहिबा छिमा करो।"

अब तक आसपास भीड़ लग चुकी थी। क्या आम आदमी और क्या खास आदमी, नगर के प्रतिष्ठित लोग आमने-सामने थे। उन सभी के होंठों पर सवाल दर सवाल थे। एक ब्राह्मण ने झूठ बोला। यह बुरी बात थी। और उस ब्राह्मण को झाँसी जैसे हिन्दू राज्य में दंड मिले यह और भी बुरी बात थी। वैसे भी ब्राह्मण को दंड देना सामाजिक रूप से अपराध था। वह दंड से ऊपर था। इसके बावजूद कुछ लोगों के बीच से दोषी ब्राह्मण के खिलाफ आवाजें आने लगी थीं। स्थिति पर नियन्त्रण जरूरी था। तभी नगर के प्रतिष्ठित मगन गन्धी और श्याम चौधरी आगे आ गए। उन्होंने मामले को शान्त किया। समाज में उनका दबदबा तथा मान-सम्मान था। रानी स्वयं भी ब्राह्मण को दंड देकर कोई आफत मोल नहीं लेना चाहती थी। हालाँकि आवेश में आकर उन्होंने ब्राह्मण को दंड देने की बात सार्वजनिक रूप में कह दी थी। पर उन्हें अपना ही सुनाया हुआ फैसला वापस लेना पड़ा था। जो एक ऐतिहासिक भूल थी।

सामाजिक रूढ़ियों, मान्यताओं और परम्पराओं की घालमेल का कैसा विरोधाभास था। जातीय आधार पर सुनिश्चित किए गए नियम मानवीयता से ऊपर हो गए थे। दोषी ब्राह्मण साफ-साफ बरी हो गया था। हाँ, पूरन की फरियाद का इतना फायदा जरूर हुआ कि सच क्या था, यह पता चल गया था। उसे स्वयं से मुक्ति मिली थी। मुक्त झलकारी भी हुई थी। वरना गऊ-हत्या जैसे घोर सामाजिक अपराध के पश्चात्ताप में वह स्वयं जल जाती। दलित समाज की स्थिति तो वैसे भी गई बीती थी। प्रत्येक अपराध के लिए उनके लिए सजा पहले से ही निश्चित थी। जिससे बचना चाहते हुए भी वे बच नहीं सकते थे। उनकी मुक्ति के सभी रास्ते बन्द थे।

रानी समझती थी कि गाय को मारना समाज में अपराध है। भले ही वह घायल हुई हो। शेष ब्राह्मणों ने रानी लक्ष्मीबाई के कान भरे। इससे दो फायदे होंगे सजातीय ब्राह्मण की खोई हुई प्रतिष्ठा भी वापस लौट आएगी और पूरन के परिवार को सजा भी मिल जाएगी। रानी स्वयं दुविधा में थी, पंचायत के निर्णय का कैसे उल्लंघन करूँ। अंततः वही हुआ। पूरन को प्रायश्चित करने का आदेश दिया गया।

प्रायश्चित की ऐसी पंगतों में कुछ ब्राह्मण और अन्य जातियों के सरपंच बुलाए जाते थे। ऐसे लोगों के लिए भोजन ब्राह्मण बनाता था और ये लोग भोज में शरीक होते थे। अनूठी थी वे परम्पराएँ अजीब थे लोग। जो सामाजिक क्रान्ति को पीछे ठेलने की मूर्खता कर रहे थे।

बछिया के घायल होने का दंड उन्हें भोगना ही था। शास्त्र यही कहते थे। नियम-कानून उसी डोर से बँधे थे। जो शास्त्रों में निश्चित था, वही होना था। पूरन के परिवार को पहले गंगा स्नान करना पड़ा। जहाँ घाट पर बैठे पंडों ने उन्हें मूंडा। वापस

लौटकर भोज देना पड़ा। यह दंड इस दम्पति के लिए बहुत अधिक था। पर इसे कम करने की फरियाद किसी भी अदालत में नहीं की जा सकती थी। इस पश्चात्ताप की आग में उठी लपटों की आँच से हालाँकि झलकारी जली तो नहीं, पर अगन महसूस तो की थी उसने बहुत नजदीक से। हाँ, उसके गहने अवश्य बिक गए। हालाँकि समाज को ऐसे नियम जितना जोड़ते थे उससे कहीं अधिक तोड़ते भी थे। वे प्रतिक्रियाओं के प्रेरक थे। सामाजिक उत्थान की परतों को कमजोर बनाते थे। और आदमी के भीतर सवाल दर सवाल पैदा करते थे। कहीं उन्हें चेतना शून्य भी बनाते थे और कहीं उनके भीतर जागृति भी लाते थे।

पूरन और झलकारी दोनों के मन को इस घटना से ठेस पहुँची थी। रानी पर उन्हें बड़ा विश्वास था। वे दूध का दूध और पानी का पानी कर देंगे। बछिया का खुर उसकी गोली से जख्मी हो गया। यह किसने देखा। रानी ने भी नहीं। ब्राह्मणों की बात पर रानी ने विश्वास कर लिया। कौन जाने झूठ ही कह दिया हो। पर अब तो जो होना था हो चुका। अब क्या किया जा सकता है। पहले बहिष्कार की बात और फिर प्रायश्चित। बहिष्कार तो नहीं हुआ, पर प्रायश्चित तो करना ही पड़ा। लोग कितने मूढ़ थे कि एक नारी की जरा भी स्वतन्त्रता नहीं देखी गई। कहाँ था नवजागरण ?

झलकारी का मन खट्टा हो गया था। परिणामस्वरूप संगी-सहेलियों से उसका मिलना-जुलना छूटता जा रहा था। अब किसी से मिलने-जुलने से भी क्या फायदा। जो समाज उसके दुख-दर्द को नहीं समझे। उन लोगों के पास आने-जाने से उनकी इज्जत में क्या चार चाँद लग जाएँगे ? पूरन की मानसिक स्थिति भी झलकारी से मिलती-जुलती थी। आजकल वह भी घर पर ही रहता। कपड़ा बुनाई का काम करता। दिमागी परेशानी के कारण कभी-कभी बुनाई गलत पड़ जाती। झलकारी देखती तो बतलाती, "मन में शान्ति रख कपरा बुनई।"

सुनकर दुखी स्वर में पूरन कह उठता, "कइसै शान्ति रखई, तै जानो है फिर भी...।"

वह पूरन की ओर देखती। कुछ पल ठहर उसके भीतर से स्वर उभरता, "अब का करै। एक रानी का आसरा था। उनने भी कछु नई करौ।" पूरन की व्यथा भी बाहर आए बिना न रही, "झाँसी से मन भर गयौ, अबई गाँव में ढूँढ़ लो डेरा काऊ के इते।" कुछ सोचकर जवाब देती झलकारी, "मौसो चूक भई।"

तभी बोल उठता पूरन, "का चूक भई, अरे कोई जान-बूझकर थोड़ई गईया मारौ गई।" इस बीच झलकारी के भीतर से उदासी में डूबा स्वर उभरता, "खता हमाय और दिल दुखाय तुमाय।"

अपने आदमी की बात सुनकर झलकारी की आँखों में आँसू झिलमिलाने लगते थे। आँसू तो उसके भीतर भी थे। जो रह-रहकर बाहर निकलने को आतुर थे। पर वही अगर रोने लगेगा तो झलकारी का क्या हाल होगा। वह तो दुखियारी नदी ही बन जाएगी। भीतर की बात भला बाहर आए बिना कैसे रहती। उसका स्वर फूट पड़ता,

"अबई हमाय और तुमाय दुख-दरद में का भेद हई," भरे गले से झलकारी कह उठती, "भेद हई नई मौसे बछिया मारी जाती नई तमाय पंचायत में जाना पड़तौ। मोय कारण तुमाय सब सहना परौ।" फिर दिलासा देते हुए कहता पूरन, "सब बखत-बखत का फेर हई। तुमाय लाने कछु ना भव।" जैसे वेदना और आक्रोश एक साथ उभरते थे उसके स्वर से, "पर का पंचन के भीतर राई रत्ती-भर भी नियाय नई रऔ।"

पूरन का मन भी यही कहने को चाहता पर कहकर भी क्या होता। झलकारी बात शुरू करती तो इसका दर्द उभर आता था, "हमाय दुख-दरद सुननेवारौ को नई।"

झलकारी फिर कह उठती, "रानी भी नई।"

दोनों के स्वर में अपार वेदना थी। पूरन को तो रह-रहकर पंचायत में कही गई खरी-खोटी बातें याद आ जाती थीं। कितना अपमान सहा था उसने पंच-परमेश्वर बने हुजूम के बीच। बस्ती के लोगों ने कैसे-कैसे ताने नहीं दिए थे।

सन्ध्या हो गई। दोनों को पता ही नहीं चलता कि कब दिन ढल गया और कब अँधेरा हो गया। आज भी ऐसा ही हुआ बाहर से सास आ गई। घर में अँधेरा देखा तो उसका दिल धक-सा रह गया। मन के भीतर एक साथ सैकड़ों सवाल उभर आए। तेज कदमों से आँगन में प्रवेश किया। फिर घर में देखा, दोनों चुपचाप बैठे थे। इस तरह अँधेरे में बैठे देख कलेजा मुँह को आ गया उसका। होंठों से अनायास ही निकल पड़ा, "का भव ?"

आवाज सुनकर चेतना आई थी जैसे दोनों में। पर मुँह से उनके जरा भी आवाज नहीं निकल सकी थी। नजदीक जाकर देखा। सब कुछ ठीक ठाक था। पर मन में फिर भी सवाल घुमड़ रहे थे। "सन्ध्या है गई, दीया बाती कछु नई।" सुनकर इस बार बोली थी झलकारी, "अबई जलाई।"

पर उसके उठने से पहले सास ने आले में रखे मोटी बाती के दीये को उठाया फिर उसमें मीठा तेल डालकर उसे जला दिया था। दीपक जलने से घर में उजाला हो गया था। "का तुम समझो, मौखौ को दुख दरद नई। पर का करौ। समै पाछे। सबई ठीक हो जाई।" दिलासा देते हुए बोली थी वह। राहत मिली थी दोनों को सुनकर। बेजान शरीर में जैसे जान आई थी।

झाँसी में बुनकरों के जितने घर थे, उनमें अधिकांश कोरी जाति के लोग थे। व्यवसाय तथा खान-पान में समानता होने के बावजूद उनमें अनेकता थी। थोड़ी सी प्रगतिशीलता आड़े आती थी। हिन्दू धर्म की रूढ़ियों तथा परम्पराओं का अच्छा खासा प्रभाव कोरी समाज के लोगों पर था। स्त्रियाँ तो उस दलदल में और भी अधिक धँसी थीं। पुरुषों में भी कुछ खास फर्क न था। स्त्रियाँ तो आरम्भ से ही दलितों में दलित रही हैं। उनके जिम्मे वही काम थे जिन्हें वह हजारों वर्षों से करती आई थीं। पुरुषों को कभी-भी व्यवसाय परिवर्तन का अवसर मिल जाता था। लेकिन महिला को अवसर मिलने

पर भी उसे वह नहीं करने दिया जाता था। हिन्दू समाज में स्त्री की नियति यही थी। कोरी जाति भी हिन्दू समाज का ही एक अंग बन गई थी।

झलकारी के परिवार पर अचानक आई विपत्ति के समय किसी ने साथ नहीं दिया था। केवल जग हँसाई में ही उसकी जाति के अधिकांश लोगों ने सहयोग दिया था। रूढ़ियों की बेल उनके भीतर रची-बसी जो थी। ऐसे अवसरों पर उनके भीतर से वही सब कुछ उभरता था। विराट संस्कृति की विराटता की खुशफहमी में खोए हुए लोग। डूबते को तिनके तक का सहारा भी न मिला था। झलकारी के साथ हुई यह घटना उनके लिए दुर्घटना बन गई थी। जिसने सभी तरह की उम्मीदों पर पानी फेर दिया था। आशाओं के मस्तूल न जाने कहाँ लुप्त हो गए थे।

इस दुर्घटना के कारण बस्ती के शेष लोगों से सम्बन्ध-विच्छेद जैसी स्थिति हो गई थी। बस्ती के लोगों के इस तरह के व्यवहार से झलकारी का परिवार अलग-थलग-सा हो गया था। बीच-बीच में लोग उपहास भी करते थे। कोरी जाति की स्त्रियाँ भी कहाँ पीछे रह पाती थीं। पनघट हो या पेड़ की छाँव जहाँ भी चार-पाँच स्त्रियाँ जुड़तीं। वे झलकारी के बारे में ही जिक्र करती। आलोचना दर आलोचना के धागे लम्बे पुरते जाते, पर उनकी आलोचना कम न होती।

अकेली एक बस्ती नहीं नगर की अन्य बस्तियों में भी इस बात की चर्चा थी। चर्चा के साथ प्रतिक्रिया भी। पर कुछ स्त्री-पुरुषों की संख्या ऐसी भी थी, जिनकी सहानुभूति झलकारी के साथ थी। वे स्त्री स्वतन्त्रता के समर्थक थे। उनमें आम लोग भी थे और खास भी। सभी व्यवसाय और तबकों के लोगों में अच्छी-खासी बहस होती थी। जिसकी गूँज कभी-कभी दरबार में भी सुनाई दे दिया करती थी। रानी तो इन सबकी सूत्रधार थी ही।

घर में केवल तीन प्राणी और तीनों ही कभी-कभी कपड़ा बुनने के काम में जुट जाया करते थे। उनके लिए रोज कुआँ खोदना होता था और रोज़ प्यास बुझानी होती थी। मौसम में थोड़ी नमी थी। दोपहर हो आई थी। उन्हें सुबह से काम करते हुए ध्यान ही नहीं रहा था। तभी बाहर आँगन में किसी की आहट सुन बुनाई के काम में खलल पड़ी थी। झलकारी ने वहीं से बाहर की तरफ देखा। दरवाजे के ठीक सामने रामकुमारी खड़ी थी। उसके हाथ में एक रंग-बिरंगा मिट्टी का बना हुआ गिलास था। बुनाई का कपड़ा एक तरफ रख बाहर आते हुए कहा था उसने, "रम्मो बहिना बाहर कौ ठाड़ो है। भीतर आते हुए सरम लगे हैं तोय।" सुनकर उसके मुँह से धीमे स्वर में निकला था, "नई तो।"

झलकारी ने फिर सवाल किया था, "तै...?" रम्मो ने जवाब में कहा था। "ऐसी कोनो बात नई।"

झलकारी उसका हाथ पकड़ अन्दर की ओर ले जाते हुए बोली थी, "तै भीतर आ ना।"

दोनों घर के भीतर आ गई थीं। भीतर आते हुए उसने सिर पर पल्लू रख लिया था। गिलास पर नजर पड़ी तो पूछ बैठी झलकारी "य्यै का है ?"

संक्षिप्त जवाब था रामकुमारी का, "तुमाय लाने।"

झलकारी ने हाथ में लेते हुए कहा, "भौत सुन्दर है, पर तोय से कम...।"

उसकी बात सुनकर वह सचमुच लजा गई थी। झलकारी ने महसूस किया उसके आदमी की उपस्थिति के कारण वह असहज-सी हो रही थी। पूरन को भी यह भाँपते हुए देर नहीं लगी। जहाँ दो स्त्रियों की बातें हो रही हों वहाँ पुरुष का भला क्या काम ? वह झट से उठकर बाहर आ गया था। पूरन के बाहर जाते ही झलकारी बोल उठी थी।

"अब काए की सरम। कोई मरद है का हमाय बीच ?" सुनकर इनकार में केवल गर्दन हिलाई थी उसने। इस बार झलकारी की सास बोली थी, "तै...?"

झलकारी को जैसे अवसर मिला। उसने उसके सिर पर पल्लू हाथ से नीचे सरका दिया था। फिर मुस्कुराते हुए बोली थी वह, "काए का चाँद सा मुखड़ा छुपाय हती।"

सिर से पल्लू हटा तो सकुचाए हुए वह कुछ बोल न सकी। तभी झलकारी उठकर बाहर आई। एक गिलास में घड़े से पानी उँडेलकर डाला, फिर उसमें चीनी मिलाकर रामकुमारी को देते हुए कहा, "लय सरबत पियो।"

रामकुमारी ने शर्बत पीकर खाली गिलास जमीन पर रखते हुए कहा था, "लौ मौखें तै याद इ न रओ," इस बार दोनों के मुँह से निकला था।

"का...?"

याद करते हुए बोली थी वह, "रानी ने तोय बुलाया है।"

तभी पूछा था झलकारी ने, "काए कौ ?"

रामकुमारी ने कहा था, "भूल गई।"

झलकारी को कहना पड़ा था, "हाँ भूल गई। सब कुछ भूल गई। ऊ गइया को गोली लगने के लाने।"

रामकुमारी समझती थी झलकारी का दर्द। उसके आदमी को पंचायत में बुलाकर उसकी बेइज्जती करने का भी उसे दुख था। फिर समझाते हुए वह बोली थी, "अबई तै जानकर थोड़ाई गोली मारौ हती उसई ?"

उदास स्वर में निकला था झलकारी के मुँह से, "जानकर गोली नई मारौ तै भी कितनी रार हई। भरी पंचायत में हमाय आदमी को का नई सहना परौ हमाय लाने।"

रामकुमारी ने फिर समझाते हुए कहा था, "अबई भूल जाव जो होना था हो गओ।"

उसकी बात सुनकर झलकारी के भीतर से पीड़ा से भरा हुआ स्वर निकला था, "हाँ बहिना, भूलना तो परौगा, कबई तक हम हमाय दरद को कुरेदइंगे।"

तभी सास अवसर देखकर बीच में बोली थी, "भली बात कओ, पर का खबर लाई है ? इसई की बात ना सुनै। रानी ने कौन काम के लाने बुलाय है उससे पूछौगी या नई ? तै अपनी राम कहानी लेई बैठ गई। अरे झलकारी, पाछे की भूल आगे की याद कर।"

रामकुमारी ने भी हाँ में हाँ मिलाते हुए कहा था, "माँ ठीकई तै कहई।" झलकारी

ने अपनी पीड़ा से उबरते हुए पूछा था, "अच्छा बताव, रानी ने का कओ, कौनो कारज बुलाय ?" तभी रामकुमारी बोली थी।

"सच्ची बात हई, तै तो सबई भूल गई। हरदी कुंकुम का त्यौहार है न।"

झलकारी को हलदी कुंकुम के उत्सव की याद आ गई थी, पर भूलने का दुख जरूर हुआ था। कब एक बरस बीत गया, पता ही नहीं चला। धीरे से तनिक मुस्कुराते से बुदबुदाई थी वह, "हाँ बहिना, तै ठीकई कओ, सबई भूल गई।"

रामकुमारी ने देखा। झलकारी के चाँद से चेहरे से उदासी के बादल छँट से गए हैं। उसने भी अब मुस्कुराते हुए कहा था, "देख झलकारी तुमाय बिना हमाय जायबा का मन भी नई।" इस बार माँ स्वयं बोली थी, "नई रम्मो बिटिया, झलकारी जरूर जाइबो।"

रामकुमारी को आश्वासन मिला तो उठते हुए बोली, "अब मौंखो आज्ञा देई, बलात देर है गई। चाक चढ़ाकर आई हती।"

थोड़ी देर बाद ही वह चली गई थी। पीछे रह गई थी सास-बहू। सास ने फिर बहू को समझाया था, "देख झलकारी, या जीवन में दुख-दरद चलते ही रहवैं, कौनो घर ऐसइ बचा है जा में दुख-दरद नई रओ। कल की छोड़ आज की देख। रानी कौ तुमाय से पियार है तइ बुलाउ है, बरना ऊ को का जरूरत परौ।"

सुनकर झलकारी का मन हुआ। मना कर दे। उसे नहीं जाना रानी के हल्दी कुंकुम के उत्सव में। रानी हँसेगी, बोलेगी। हम का करेंगे वा जगै। पर न जाने क्या सोच कर चुप रह गई वह। रानी आखिर रानी है। असली का राजपाट ना सही, पर झाँसी में अब भी कौन उसकी बात टाल सके हैं। फिर रानी स्वयं भी तो मुसीबत में है। ऐसे मौके पर तो जरूर जाना चाहिए। अपने दर्द को वह कब तक सीने से लगाए रहेगी। उसकी सास ठीक ही तो कहती है। कौन सा घर ऐसा है जिसमें दुख-तकलीफ न हो, यह जीवन ही दुखों से भरा है। सभी के हिस्से में सुख ही सुख हों तो दुखों को कौन जाने।

अचानक उसका ध्यान उचटा था। उसने सुना, सास कह रही थी, "का सोच में पर गई बहू ?"

झलकारी ने जैसे हिम्मत कर जवाब दिया था, "कछु नई माँ, रानी का महल जरूर जाइबो।"

दोनों के चेहरे खुशी से चमक उठे थे। अब तक पूरन भी बाहर से भीतर आ गया था। माँ तथा पत्नी के चेहरे चमकते हुए देखे तो अच्छा लगा। झट से पूछ बैठा, "का भव ?"

इससे पहले कि दोनों में से कोई जवाब देती वह स्वयं ही बोल उठा, "लगता है कोई खुशी का सन्देशा दे गई है ई रम्मो।"

बीच में झलकारी के मुँह से निकला था, "एसई बात है।"

फिर पूछा था पूरन ने, "पर किसके यहाँ से सन्देशा आया ?"

इस बार जवाब दिया था माँ ने, "रानी ने।"

सुनकर पूरन को और भी खुशी हुई थी।

तीनों प्रसन्न मुद्रा में थे। उदासीनता के बादल जैसे छँट गए थे। वे अलग-अलग ढंग से सोच रहे थे, पर केन्द्र बिन्दु उन तीनों का रानी लक्ष्मीबाई ही थी। झाँसी की समूची प्रजा की प्रेरक, उनके सुख-दुख में हिस्सा बँटानेवाली। वे सब फिर सूत बुनने में जुट गए थे। जैसे सूत न बुनकर सपने बुनने लगे हों। उन सपनों के आसपास उमंगें उभरने लगी थीं।

हल्दी-कुंकुम का उत्सव आ गया था। झाँसी में इस समारोह के अवसर पर हर बरस राज परिवार की ओर से विशेष तैयारी होती थी। हालांकि झाँसी के साम्राज्य का स्वभाव बदल गया था, व्यवस्था बदल गई थी, पर झाँसी में हल्दी-कुंकुम के उत्सव मनाने की न रस्म बदली थी और न परम्परा। समारोह में नगर की सभी महिलाओं को आदर भाव से निमन्त्रित किया गया। रानी की विशेष साथिन, सहेलियों में काशी, सुन्दर, हीरा, झलकारी, जूही एवं मोतीबाई थीं। नाटक में काम करनेवालियों के साथ गंगूबाई आदि भी आई थीं। जिन्हें समय-समय पर रानी याद करती थीं। कहना नहीं होगा कि वे उनकी परछाईं थीं। झाँसी में ऐसा कौन सा विशेष समारोह था, जिसमें यह मंडली न होती थी। राज दरबारियों से लेकर सेना नायकों तक को इनके नाम याद हो गए थे। रानी की ओर से विशेष आदेश तथा हिदायतें भी थीं उनको। बिना जाति वर्ग विशेष के रानी सभी का सम्मान करती थी। सभी को बराबर मान देती थी। वह सबके लिए एक थी। उसी एकता की शक्ति को रानी ने कई बार महसूस किया था। ऐसा नहीं था कि यह एक-पक्षीय सान्निध्य था। वे सब भी रानी पर जान छिड़कती थीं। आड़े समय काम आती थीं। रानी की तबीयत जरा भी खराब हो जाए, वे महल में दौड़ी-दौड़ी आती थीं। हकीम, वैद्य को खबर करती थीं। महल से बाहर रहनेवाले नजदीकी रिश्तेदारों को बतलाती थीं। घंटों-घंटों रानी के पास बैठती थीं। उन्हें दिलासा देती थीं। रानी के ठीक होने की दुआएँ माँगती थीं। उन सबके बीच अजीब तरह का सम्मोहन था। वह सम्मोहन दिन-प्रतिदिन बढ़ता ही जा रहा था। इसमें राजा की मृत्यु एक सबसे बड़ा कारण था। सत्ता और साम्राज्य के दाव-पेंचधारियों के बीच रानी अकेले पड़ गई थी। दरबार में प्रत्येक स्तर पर सत्ता हथियाने के लिए छल-कपट बढ़ने लगा था। ऊपर से ईस्ट इंडिया कम्पनी के अंग्रेज अधिकारियों का झाँसी पर दबाव भी दिनोंदिन बढ़ रहा था।

झाँसी में राजनीति का मौसम भले ही कैसा भी हो, पर कोई भी त्योहार आने पर नगरवासियों पर उसी का रंग चढ़ने लगता था। हल्दी कुमकुम का उत्सव जन-जन में प्रचलित हो रहा था। जिसका श्रेय रानी को था। वह त्योहार एकता और समन्वय का भी प्रतीक था। उत्सव का स्वभाव और उल्लास सभी को मुग्ध करनेवाला होता था। इसलिए उस दिन झाँसी में हर कोई मन्त्र-मुग्ध होता था। शहर में तो वह खुशी का दिन होता था।

रानी के विशेष बुलावे पर ब्राह्मण, क्षत्रिय, वैश्य, मराठा तथा अन्य जातियों की सभी स्त्रियाँ आईं। जाति धर्म का बिना ध्यान किए रानी ने उनकी आवभगत की। जहाँ खास परिवारों की महिलाएँ नए वस्त्रों तथा आभूषणों से सजकर पालकी में बैठकर आई थीं वहीं आम घरों की स्त्रियाँ पैदल चलकर आईं। सामन्तों, नवाबों और सेठ-साहूकारों के घरानों की स्त्रियों के साथ भालेवाले चोबदार थे, पर गरीब परिवारों की स्त्रियाँ एक-दूसरे की स्वयं ही चोबदार थीं। वहाँ कोई किसी का ताबेदार न था।

राजमहल की छटा ही आज निराली थी। सब तरफ आकर्षण था। लगता था जैसे धरती से लेकर आकाश ने शृंगार किया हो। ऊँची छत की मुँडेर, दीवारें, मेहराब, आँगन सभी तरफ रंग-बिरंगी छटा बिखरी थी। इन्द्रधनुषी रंग चारों तरफ बिखरे थे। वे सुन्दर थे। उनके बीच निखार था। हर तरफ उल्लास था। परिवेश में गायकों के मीठे स्वर गूँज रहे थे। उस मीठे सुर, ताल और लय को सुन आगे बढ़ते हुए कदम मदमस्त हो जैसे बहकने लगते थे।

राजमहल के विशाल आँगन में बड़े-बड़े जरी के छाते हाथों में थामे चोबदार से लेकर ताबेदार और उनके पास फूलों की मालाएँ तथा गुच्छे बेचने के लिए मालिनें बैठी थीं। फूल बेचने का उनके लिए यह विशेष आनन्दोत्सव था। रूप और लावण्य से लबालब सुन्दर नारी से वे अभी बात ही कर पाती कि उससे कहीं अधिक सुन्दर और आकर्षक कोई और स्त्री आ जाती। वे फूलों के गुच्छों का मोलभाव करती। मालिनें उनसे मुखातिब होतीं कि पहलेवाली फिर भाव पूछ लेती। भाव घटाने-बढ़ाने का यहाँ कोई विशेष रिवाज न था। सवाल था रुचि और पसन्द का। रंगों से अधिक फूलों की ताजगी को देखा-परखा जा रहा था। कुछ ललनाएँ फूलों से अधिक अपनी बारीक अँगुलियों से कलियों को छू रही थीं। अलग-अलग धर्म, जाति तथा क्षेत्रों की महिलाओं के वस्त्रों के साथ उनके पहनावे में भी विभिन्नता थी। वे रंग चटकदार थे। जवान और रूपवती स्त्रियों पर जो खूब खिल रहे थे। रानी स्वयं सफेद साड़ी पहनकर आनेवाले मेहमानों के बीच घूम-घूमकर सबको 'हल्दी-कुंकुम' का टीका लगाते हुए केशों से सुगन्धित फूलों की माला, चन्दन, स्वादिष्ट मिठाई, चाँदी का रुपया, गुलाब जल, इत्र और पान-सुपारी देकर निहाल कर रही थी। फूलों के साथ आज स्वयं रूप और यौवन भी महक रहा था।

ऐसे रंग-बिरंगे अवसर पर झलकारी साधारण वस्त्रों में आई थी। माथे पर बिन्दिया, आँखों में सुरमा, कानों में बाली, नाक में नथ यही सब उसके रंग रूप में कान्ति भरने के लिए काफी थे। उसके भीतर वैसा उल्लास न था। सजने-सँवरने का उसका मन न हुआ था। आँखों में भी सुरमा बासी हो चला था, पर उसमें अभी धार मौजूद थी। पाँवों में न चप्पले थीं, न पाजेब! पर माथे पर बिन्दिया जरूर थी।

कुछ समय बाद खास घरानों की महिलाएँ जा चुकी थीं। साथ में उनके चौबदार और ताबेदार भी थे। कुछ स्त्रियों के साथ महिला अंगरक्षक भी आई थीं। वे उनकी अन्तरंग सहेली भी थीं। झलकारी ने भी अपनी सहेलियों के साथ महल में प्रवेश किया। उसने देखा सामने रानी खड़ी थी। स्त्रियों से घिरी हुई हँस-हँसकर बातें कर रही थी।

रानी आज के दिन चिन्ता से मुक्त थी। रानी को प्रसन्न देखकर उसे अच्छा लगा। नजदीक पहुँचकर उसने जोहार किया। परिचित आवाज सुन रानी का ध्यान भंग हुआ। उन्होंने देखा झलकारी सामने खड़ी थी। देखते ही पूछ बैठी, "क्यों झलकारी, तुम इतने दिनों से क्यों नहीं आई, क्या पतिदेव ने रोक लिया ?" रानी के स्वर में उल्लास था। पर झलकारी तो उदास थी। क्या जवाब देती आखिर। फिर वह अपने स्वर को संयत करते हुए बोली, "मौ से अपराध हो गओ। तो आपके पास कौन सा मौंह लेकर आती।" झलकारी के मुँह से अपराध की बात सुनकर आसपास खड़ी तीन-चार स्त्रियों का ध्यान आकर्षित हुआ। इससे पहले उनमें से कोई कुछ बोलती अविलम्ब जवाब दिया था रानी ने, "तुमसे कोई अपराध नहीं हुआ। तुम तो निर्दोष थी और निर्दोष हो।" इस बार और रुचि हुई थी उन्हीं स्त्रियों की झलकारी में। उन्होंने गौर से झलकारी की तरफ देखा और उसमें कुछ विशेष तलाश करने का प्रयास किया।

रानी की बात सुन थोड़ा धैर्य से बोली वह, "पर रानी साहिबा गोली तो बछिया के लग गई थी।"

रानी के स्वर में कोई बेचैनी नहीं थी, ठहराव था। इस बार झलकारी ने सुना। रानी ने कहा था, "पर बछिया को गोली तुमने जान-बूझकर तो मारी नहीं थी।" झलकारी ने गर्दन झुकाकर कहा, "वह तो है।'

रानी का स्वर उभरा था, "फिर बछिया मरी भी नहीं।"

इस बार झलकारी के स्वर में थोड़ी तुर्शी थी "लेकिन पंचम ने तो दंडी बना दओ।" तभी एक स्त्री बोलना चाहती थी। रानी ने हाथ के संकेत से उसे चुप रहने को कहा था। वही महिला सकपका गई थी रानी के संकेत से। उसे थोड़ा बुरा भी लगा, पर चुप रही। वह शहर के नामी-गिरामी सेठ के घर से थी। उसे सब तारा कहते थे।

फिर रानी का स्वर उभरा, "वह तो ठीक है।" झलकारी ने पुनः कह, "आऊर परायश्चित भी हमय करना परौ।" रानी ने जैसे दिलासा दी, "मैं जानती हूँ झलकारी।"

झलकारी कहना चाहती थी। आप सब कुछ जानती हैं रानी साहिबा फिर भी हमें दंड भुगतना पड़ा। पर कहा नहीं। यह सोचकर वह चुप रही। रानी उसकी संगी सहेली है, पर है तो रानी। पल में तोला पल में माशा। कौन जाने कब भृकुटि तन जाए। और रानी का मिजाज बदल जाए। रानी आखिर रानी है। संगी सहेली हुई तो क्या हुआ। दो बातें हँस-बोल कर ली तो...। तभी उसका ध्यान टूटा। उसने कहा। रानी कह रही थी।

"क्या सोच रही हो झलकारी ?"

जवाब में कहा था उसने, "कुछ नई।"

कुछ पल वातावरण में चुप्पी रही। रानी ने धीरे से उसके कन्धे पर हाथ रखा। झलकारी को जैसे बल मिला था। फिर पूछ बैठी, "अच्छा यह तो बतलाओ कि तुमने जो अभ्यास किया था, वह भूल तो नहीं गई।"

सुनकर उत्तर में कहा था उसने, "नई सरकार।"

रानी फिर गम्भीर स्वर में बोली थी, "अंग्रेजों की आँखें हमारी झाँसी पर लगी हैं। अब वह दिन दूर नहीं जब हम सबको एक साथ युद्ध क्षेत्र में उतरना पड़ेगा।"

रानी की बात से उसे और ताकत मिली और अपने भीतर उत्साह का अहसास भी हुआ, उसके स्वर में तेजी आ गई थी, "कैसी बातें करो हो रानी साहिबा। जा तुमाय पसीना गिरे वा हमाय लहू बहा दें।" हाँ बहिना, ठीक कओ ?"

आसपास खड़ी सभी सखियाँ एक साथ बोल उठीं, "हम सब तैयार हैं।" सुनकर खुश होते हुए रानी ने कहा था, "शाबास झलकारी, तुमने तो रग-रग में खून दौड़ा दिया। हमें तुम सबसे यही आशा थी।

अब तक भीड़ कुछ कम हो गई थी। रानी को कितने ही तरह के उपहार मिले। जिन सभी को उन्होंने हृदय से स्वीकार किया। बुन्देलखंडी पीतल-ताँबे के अलग-अलग तरह के बर्तन, कोरिनों, कुम्हारों, बढ़ईयों, रंगरेजों द्वारा बनाए गए पटचित्र, काठ की वस्तुएँ, रंग-बिरंगे खिलौने, रेशम के वस्त्र। वे भी दस्तकारी के श्रेष्ठ नमूने थे। तभी रानी को प्रहसन सूझा। रानी ने झलकारी से पूछा, "तुमने अपने पति का नाम बतलाया था वह तो मैं भूल गई।" झलकारी ने पल-भर रानी की ओर देखा फिर बोली, "अबै पिछले दफे तो बताओ हतो।"

रानी ने मन्द-मन्द मुस्कुराते हुए कहा, "एक बार फिर बताओ।" सुनकर उत्तर दिया उसने, "ऐसे कौन बताओ जात ?" रानी ने तत्काल पूछा था, "तो फिर कैसे बताएगी ?"

जवाब में बोली थी झलकारी, "वैसई पूछो जैसो पैले पूछौ तो।" रानी का स्वर सादगी से उभरा था, "अच्छा तो चन्द्र ग्रहण कब पड़ता है ?" सुनकर झलकारी थोड़ा शरमाई। दबे स्वर में कहा था उसने, "पूनौ को।"

और फिर आँचल में मुँह ढक लिया था उसने।

झलकारी के मन में रानी के प्रति जो मैल था वह धुल गया था। सच बात तो यह भी थी कि स्वयं रानी को भी झलकारी के साथ जो घटना हुई, उससे दुख हुआ था। पर वह मजबूर थी। एक ब्राह्मण को नाराज करने का अर्थ नगर तथा आसपास के समूचे ब्राह्मण समाज को नाराज करना था। जान-बूझकर इस तरह का खतरा रानी मोल लेना नहीं चाहती थी। समाज में जो रीत पहले से चली आई थी उसी का पालन रानी को करना था। राजा और रानियों ने कब परम्पराओं के खिलाफ कुछ किया है। रानी ने भी वही किया था। ब्राह्मण वर्चस्व समाज में रानी की जगह कोई और भी होता तो वह भी वही करता। समाज में आरम्भ से निर्बलों को दबाने का विधान तो रहा ही था। झलकारी न स्वयं कमजोर थी और न उसकी जाति थी। पर उन्हें कमजोर बनाए रखने की सदियों से चले आ रहे ऐसे नियम थे, जिन पर कड़ाई से पालन होता था।

रानी को अब आमोद-प्रमोद के लिए समय ही कहाँ था। हल्दी-कुंकुम का उत्सव उसे

बहुत प्रिय था। इसी दिन वह सबसे मिल लेती थी। इन सबके अलावा वह सजग थी। देश पर आई विपत्ति का उसे आभास था। वह अच्छी तरह समझती थी कि इस तरह की परिस्थितियों में उसे क्या करना था। एक-एक पल की खबर उसे रखनी पड़ती थी। राजा के छोड़े हुए साम्राज्य का मिजाज भी अब वैसा नहीं रहा था। अंग्रेजों की उस पर न जाने कब से आँखें लगी थीं। स्वयं देसी रियासतदारों और रजवाड़ों का व्यवहार बदल गया था। वे भी झाँसी पर कब्जा करना चाहते थे।

वैसे भी सब कुछ अब तक स्पष्ट हो चुका था। हर कोई अपनी चाल चलने की प्रतीक्षा में था। झाँसी के भीतर तथा बाहर का कोई ऐसा भेद शेष नहीं रहा था, जो अंग्रेजों को न दे दिया गया हो। भेदिए अपने-अपने काम कर चुके थे। बस तलवार लेकर अंग्रेजों के साथ ऐसे गद्दारों को अपने जौहर दिखाने बाकी थे। यही अन्तिम स्थिति को आना था। जिस पर झाँसी का भविष्य निर्भर था।

नगर में यह बात भली-भाँति महसूस की जाती थी कि अब झाँसी की रक्षा की जिम्मेदारी केवल रानी की ही नहीं थी। बल्कि झाँसी में रहनेवाले सभी लोग-लुगाइयों की थी। बच्चा-बच्चा झाँसी के लिए बलिदान देने को तैयार था। झाँसी रहेगी तो उनका मान सम्मान रहेगा। झाँसी अंग्रेजों के कब्जे में चली जाएगी तो उनके जीवन का क्या मोल। झाँसी के अधिकांश नागरिकों की यही सोच और मान्यता थी। वे अपने से अधिक झाँसी के बारे में चिन्तित थे। झाँसी उनके लिए अनमोल थी। झाँसी राजा गंगाधर राव की छोड़ी हुई विरासत थी। उसके अस्तित्व को बनाए रखना उनका फर्ज था। उन पर राजा का कर्ज था। जैसे मरते हुए राजा को कौल दिया था उन्होंने।

झलकारी को रानी ने जो जिम्मेदारी सौंपी थी उसे पूरा करने में वह जी जान से जुटी थी। उसे रानी ने झाँसी की लुगाइयन की फौज की कमांडर फिर से बना दिया था। झाँसी में यह एक नया प्रयोग था महत्त्वपूर्ण भी। महिलाओं की इस फौज की कमांडर दलित समाज की एक महिला को बनाना उस समाज के लिए यह प्रेरणा की बात थी। जिसने अपना पैतृक व्यवसाय छोड़कर सैनिक बनना स्वीकार किया था। अब उसे किले में बार-बार जाना होता था। युद्ध में हमला और बचाव दोनों तरह का प्रशिक्षण तेजी से लेना शुरू कर दिया था। बन्दूक चलाने का अभ्यास तो वह कई माह से कर रही थी।

उसके साथ कोरी, काछी, चमार, बखोर, कडेरे, कुर्मी, खटीक, पासी आदि बहादुर जातियों की महिलाएँ झाँसी की रक्षा के लिए सजग हो तरह-तरह के हथियार चलाने का प्रशिक्षण लेने लगी थीं। उनके भीतर भी बलिदान देने की भावना थी और मर-मिटने का जज्बा भी था। यहाँ तक कि नगर की वेश्याओं ने भी वेश्यागिरी छोड़ सिपाहीगिरी अपना ली थी। झाँसी में एक सैलाब आ गया था। युद्ध उत्सव जैसी स्थिति में परिवर्तित होता जा रहा था। जन-जन का अपनी झाँसी से जुड़ाव होने लगा था। कितनी ऐसी महिलाएँ थीं जो दुल्हन बनकर झाँसी में आई थीं। उन मेहँदी लगे हाथों ने भी बन्दूकें सँभाल ली थीं। झाँसी की आन-बान सबसे पहले थी। झाँसी की रक्षा करना उनका धर्म

था। हिन्दू-मुस्लिम हों या सिख और बौद्ध सभी ने झाँसी की रक्षा करने की जिम्मेदारी ली थी। महिलाओं में भावना जागृत हुई तो पुरुष कहाँ पीछे हटनेवाले थे।

झलकारी को इस बात का अब सन्तोष था कि जिन पंचों और सरपंचों के साथ अपनी-अपनी जातियों के चौधरियों ने आरम्भ में उसकी मजाक उड़ाई थी और उसकी गोली से बछिया घायल होने पर उसे प्रायश्चित करने पर मजबूर किया था, वही सब अब उसकी प्रशंसा करने लगे थे। झलकारी अब झाँसी की इज्जत बन गई थी।

परिस्थितियाँ स्वयं बदलने लगी थीं। व्यक्ति कहाँ से कहाँ पहुँच जाता है। सच कहा जाए तो नए पुरा से रानी के महल तक झलकारी ने जोरदार दस्तक दी थी। उसकी गूँज हवेली-हवेली में होने लगी थीं। पर खास परिवार की महिलाएँ अभी भी व्यंग्य करती थीं। ऐसी बेगमें जिन्हें हुक्का पीने से ही फुर्सत न थी, जो अभी रूप और लावण्य के आगोश में थीं, जिन्हें दासियों तथा बाँदियों से अपनी सेवा-टहल कराने में ही मजा आता था। वे उन्हें पहले की तरह डाँटती-फटकारती थीं। माथे पर त्यौरियाँ चढ़ा तथा होंठों पर व्यंग्य भरी मुस्कान ला तरह-तरह के जुमले गढ़ती थीं, "लो अब सेवा टहल कहाँ करोगी तुम, रानी ने तुम लोगों को सर पर जो चढ़ा लिया है।" दासियाँ-नौकरानियाँ सुनकर भी अपने काम में लगी रहतीं। उन्हें पल-भर की भी फुर्सत नहीं मिलती। पर खास औरतें खास अन्दाज में फिर कहे बिना बाज नहीं आतीं, "अब तो कोरिनों का दिमाग भी सातवें आसमान पर हैं। तभी कोई और खास महिला आते हुए सुन लेती तो वह भी सुनाए बिना न रह पाती, "सातवें आसमान पर दिमाग क्यों न चढ़े, बन्दूकें देकर क्षत्राणी जो बना दिया है इन कम्बख्तों को।"

जहाँ विशेष परिवारों की दो महिलाएँ बैठकर बतियाने लगतीं तो दासियों-नौकरानियों के और दस काम बढ़ जाते। किसी को पीकदान लाने दौड़ाती तो किसी को पानदान। किसी को छालियाँ काटने का काम दे दिया जाता तो किसी को नई चिलम के भरने का। वे आला दरजे की औरतें थीं। उनके पास सूरत भी थी और सीरत भी। खुशहाली उनके कदम चूमती थी। उनके घरों में ऐश्वर्य का ढेरों सामान भरा होता था। झाँसी में रानी का राज हो या अंग्रेजों का, उन्हें इस बात से कोई फर्क नहीं पड़ता था। जितना भी सेठों की बहियाँ भरती जाती थीं उतना ही उनकी तिजोरी। समय देखकर वे चतुरता और चालाकी से तिजारत करते थे। समय पड़ने पर अंग्रेजों को भी कर्ज दे देते थे। अंग्रेज अधिकारी उनके यहाँ आते थे और वे अंग्रेजों की कोठियों में जाते थे। न कोठों से उन्हें कोई एतराज था और न कोठियों से उजरत। वे अव्वल दर्जे के व्यापारी थे। तभी तो बरतानिया की मुहर बन जाने के बाद भी टिके हुए थे वे।

रानी के पास भले ही खजाना खाली हो गया हो। उनके पास तो अभी भी भरा था। सेठानियाँ बात-बात में रानी को प्रेरित करतीं कि वह उनके सामने हाथ फैलाए, पर रानी आखिर रानी थी कोई भिखारन नहीं। उसे जितना विश्वास मेहनतकशों, कमेरों, दस्तकारों पर था उतना सेठ-सेठानियों, अमीर-उमरावों पर भी नहीं था।

समय का चक्र कहाँ से कहाँ घूम गया था। शहर का खास तबका जहाँ रानी से किनारा करने लगा था वहीं आम वर्ग उनके करीब आने लगा था। रानी ने सोच-समझकर ही कदम उठाया था। वे झाँसी पर जान भी देने को तैयार थे। जमीन के लोगों का युग फिर से शुरू हो गया था। बारी अब उनकी थी जो सदियों से सेवा करते रहे। रानी की सेना में शामिल हो तलवार, बल्लम, भालों तथा बन्दूकों से रिश्ते बने तो उनके भीतर नए रूप में जोश उमड़ आया था। दलित पिछड़े समाज के मर्द औरतों में वह जोश दीपक के समान प्रज्वलित हुआ था। झलकारी को याद हो आया। गाँव में एक बार बौद्ध भिक्खू आए थे। उन्होंने कहा था। अपना दीपक आप बनो। आज वह बात झाँसी में खूब व्यवहार में आ रही थी। लोगों में होड़ थी, कुछ करने की, कुछ बनने की। वे स्वयं अपना रास्ता आप बना रहे थे।

सुबह का समय था। झलकारी घर में अकेली थी। तभी बाहर उसने आहट सुनी। वह भीतर की कोठरी से निकल कर बाहर आई। उसने देखा आँगन में कोई साधू खड़ा था। लम्बे-लम्बे केश, जिनमें सफेदी पसर गई थी। शरीर पर सफेद रंग का मटमैला लबादा। पाँवों में चप्पल। हाथ में भिक्षा का पात्र। बाबा की आँखों में कहीं गहरी चमक थी। झलकारी अपलक नयनों से देखती रही। तभी बाबा ने उसकी विचार तंद्रा तोड़ते हुए कहा था, ‘‘झलकारी कहाँ खो गई ?’’

झलकारी ने भी अब तक बाबा को पहचान लिया था। वहीं गम्भीर आवाज, वही चेहरा। सहसा उसके मुँह से निकल पड़ा, ‘‘बाबा।’’

बाबा का स्वर पुनः उभरा था, ‘‘हाँ झलकारी।’’

झलकारी तुरन्त भीतर जाकर घड़े से गिलास में पानी के साथ गुड़ भी ले आई थी। खुशी से बाबा ने पहले गुड़ खाया फिर पानी पिया था। बाबा इस बार लाल वस्त्रों में थे। जिज्ञासावश झलकारी पूछ बैठी। बाबा ने गम्भीर स्वर में उत्तर दिया था, ‘‘झलकारी, अब समय आ गया है। जिस आदमी को देश से जरा भी प्यार है और देश के मान-सम्मान से जरा-सी लगाव है, उसे सिर पर कफन बाँधना पड़ेगा। मैंने तो सिर से पाँव तक कफन पहन लिया है।’’ झलकारी कुछ कहना ही चाहती थी कि बाबा यह कहते हुए चले गए, ‘‘झलकारी हमने जो कुछ दस बरस पहले कहा था तुमने वह कर दिखलाया। तुमने अब झाँसी का इतिहास बनाना शुरू कर दिया है।’’

शहरवाले महल के ठीक सामने राजकीय पुस्तकालय था। पुस्तकालय के पीछे एक ढाल था और ढाल के नीचे बड़ा बाग। इस बाग में रानी घुड़सवारी किया करती थी। नगर की जो स्त्रियाँ उनके पास आती थीं, उनको वह इसी बाग में कसरतें करना सिखाती थीं। वे सब निष्ठा से यह सब सीखतीं। रानी को बल मिलता। इनमें विशेष सुन्दर, मुन्दर और काशीबाई थीं।

रानी का यह प्रतिदिन का अभ्यास था। वह झाँसी से सटे जंगल में अश्वारोहण भी

सीखती, सिखाती भी। अमीर खाँ, वजीर खाँ दो नामी उस्ताद, बाला गुरु भी बिट्ठर से आए जो मल्ल विद्या के दाँव-पेंच बतलाते थे। नरसिंह राव टोरिया के नीचे दक्षिणियों के मुहल्ले में, वे एक अखाड़ा भी बना गए। जहाँ रानी कुश्ती का अभ्यास अपनी सहेलियों के साथ करती थी। तीर, बन्दूक, छुरी, बिछुआ आदि चलाना भी उन्होंने सीखा।

सप्ताह में तीन-चार दिन स्वयं झलकारी अभ्यास के लिए जाती थी। उसके साथ रामकुमारी, कमला, उदया, चुन्नी, बिरमो, सुक्खो सभी जाती थीं। इसके अलावा परकोटे के बाहर रहनेवाली बस्तियों की महिलाएँ भी हथियार चलाना सीखने आती थीं। सम्भ्रान्त घरों की स्त्रियाँ कम ही आती थीं। जहाँ आम वर्ग की महिलाएँ जाती हों, उसके बीच भला खास वर्ग की महिलाएँ क्यों जाएँगी।

दिन के बारह बजे थे जब झलकारी अपनी प्लाटून लेकर बड़े बाग में पहुँची। रानी वहाँ मौजूद थी। उसके साथ अन्य स्त्रियाँ युद्ध अभ्यास कर रही थीं। किसी के हाथ में तलवार तो किसी के हाथ में बल्लम। कोई लाठी से ही तलवार का वार बचाने की कोशिश कर रही थी। तलवार का वार करनेवाली भी स्त्रियाँ ही थीं और वार बचानेवाली भी। एक तरफ से पैंतरा बदलकर तलवार का वार किया जाता तो दूसरी ओर से पैंतरा बदलकर ही सामनेवाले का वार बचा लिया जाता। कभी-कभी बचाव पक्ष की स्त्री गिर जाती, तब रानी उसे उठाते हुए समझाती। रानी का स्पर्श होते ही जैसे, उनमें नई ताकत आ जाती। इन दिनों बड़े बाग में तलवारें टकराने की आवाजें खूब गूँजतीं। खूब बड़ा मैदान था। वार करनेवाला चाहे जितनी दूर तक जाए। बचाव करनेवाले को भी वहीं तक वार बचाना पड़ता था। उनकी कोई सीमा नहीं थी। वहाँ जमीन समतल नहीं थी। कहीं ऊँची तो कहीं नीची। कहीं मैदान तो कहीं टीला। हर तरह की जमीन पर उन्हें रानी अभ्यास कराती थीं। रानी की कोशिश थी उन्हें जाँबाज बनाने की। ऐसी जाँबाज जो दुश्मन के छक्के छुड़ा दे।

जिस दिन स्त्रियाँ अभ्यास के लिए आती थीं, वे घर पर चूड़ियाँ उतारकर रख लेती थीं। रानी नहीं चाहती थी कि अभ्यास करते हुए बार-बार चूड़ियाँ टूटें। चूड़ियों का टूटना वह अशुभ मानती थीं। सभी को रानी की ओर से यही हिदायत थी।

झलकारी आई तो रानी को अच्छा लगा। जब तक रानी युद्ध अभ्यास कराने में व्यस्त थी। झलकारी ने बीच में टोकना उचित नहीं समझा। उसने इन्तजार किया। जब रानी को समय मिला। उसने आगे बढ़ जोहार की। उसके साथ में आई अन्य स्त्रियों ने भी जोहर की थी। रानी ने भी हाथ के संकेत से सभी को अभिवादन किया। फिर पूछा था उन्होंने, "तुम्हारे प्लाटून की संख्या बढ़ नहीं रही है।" जवाब में बोली थी झलकारी, "रानी साहिबा खता माफ हो, जब तलक मरद अपनी लुगाईयनों को नई कहवेंगे तब तक लुगाइनों की गिनती बढ़नी मुश्किल होई।" रानी ने सुना तो गम्भीर स्वर में बोली थी वह, "हाँ झलकारी यह बात तो तुम्हारी ठीक है। अब भला ऐसे मर्दों को कौन समझाए। उनका काम है हमेशा स्त्रियों को समझाना। कौन मर्द चाहता है कि उसकी पत्नी घर के बाहर जाकर तलवार चलाना सीखे।"

जैसे रानी अतीत में खो गई थी। अतीत के चित्रों की भी भाषा होती है। वही भाषा रानी के भीतर से उभरने लगी थी, "मुझे ही देखो इस तलवार चलाने के ही कारण राजा साहब की कितनी बातें नहीं सुननी पड़ती थीं। वे राजा थे और मैं रानी होकर भी कुछ नहीं। हमेशा महल की चारदीवारी में रहूँ। घोड़े की सवारी न करूँ, बस शृंगार कर राजा के लिए बैठी रहूँ....। वे नाचने के लिए कहें तो नाचने लगूँ...फूलों से भरी सेज पर लेटने के लिए कहें तो बिछ जाऊँ...सभी पति अपनी पत्नियों को अंकशायिनी बनाकर रखना चाहते हैं..., जाँबाज बनाकर नहीं...।"

रानी का ध्यान जब टूटा तब सारंगा के हिनहिनाने की आवाजें बाग में गूँजी। रानी अतीत से निकलकर वर्तमान में आई तो उन्होंने महसूस किया जैसे चारों ओर गहरा सन्नाटा व्याप्त हो गया था। कुछ महिलाएँ खड़ी हो रानी की तरफ एकटक देख रही थीं। रानी की आँखों में अजीब-सी वेदना की परछाइयाँ थीं। तभी झलकारी ने चुप्पी तोड़ने की हिम्मत की थी, "रानी साहिबा, आप थोड़ा आराम कर लेओ, तब तक मौंखो...।" रानी ने संक्षिप्त जवाब दिया था, "हओ।"

और वे विश्राम के लिए पेड़ के नीचे हुए एक पत्थर के ऊपर बैठ गई थी। तभी एक दासी ने पानी की गिलास आगे बढ़ाया था। गिलास होंठों से लगाकर धीरे-धीरे पानी पिया था रानी ने। पानी पीकर चेतन हुई थी रानी। फिर देखा था झलकारी की तरफ युद्धाभ्यास की कमान बखूबी सँभाले थी।

जैसे-जैसे युद्धाभ्यास बढ़ता था, रानी को यह सब रोमांचित करता था। उसके भीतर अंग्रेजों से युद्ध करने की इच्छा और बलवती होती जाती थी।

झलकारी अभी युद्धाभ्यास से लौटी ही थी कि चम्पा लाल और रामचरन को घर पर प्रतीक्षा करते पाया। देखते ही पूछ बैठी, "कओ लल्ला कैसे हो ?"

पहले चन्ना बोला, "सब ठीकई...।"

फिर रमची ने कहा था, "कोनो ऐसी वैसी बात तो नई।"

सुनकर झलकारी ने पूछा था, "बात का हय, भई बतलाव।"

दोनों के मुँह से निकला था, "कुछ नई।"

झलकारी का स्वर इस बार तसल्ली से उभरा था, "पानी सरबत पी लयो।"

जवाब में चन्ना के मुँह से निकला था, "हओ।"

पूरन और सासू माँ घर ही थे। घंटा-भर दोनों को आए हुए हो गया था। वे पहले ही गाँव के बारे में बहुत कुछ पूछ चुके थे। दोनों ने उनके सवालों का जवाब बारी-बारी से दिया था। थोड़ा कुछ पूछ-गछकर झलकारी बोली थी, "तनिक सुस्ता लई।"

दोनों की ओर से संयुक्त स्वर उभरे थे, "हओ।"

उन्होंने देखा। झलकारी के कपड़े पसीने से तर थे। कहीं-कहीं मिट्टी भी लगी थी। बाल बिखरे थे। बाईं तरफ जो कटार खोंसी हुई थी, उसने निकालकर बाहर रख दी थी। जिन्हें कपड़े के एक टुकड़े से बाँधा हुआ था। झलकारी ने पहले हाथ-मुँह धोए। पैरों में भी धूल भरी हुई थी। उन्होंने साफ करते हुए उसने फिर पूछा था, "अब सुनाओ

चन्ना-रमची।"

दोनों को जवाब देते न बना था। असल में वे दोनों ही उसके बदले हुए रंग-रूप तथा स्वभाव में खो गए थे। पहले से बहुत अधिक बदलाव आ गया था उसमें। अब वह आम गृहिणी नहीं लग रही थी बल्कि सैनिक जैसे लगती थी। आवाज में भारीपन आ गया था। वे सोच रहे थे कि कहाँ धूल मिट्टी में खेलनेवाली झलकारी और कहाँ अब हथियारों से दो-दो हाथ करनेवाली। सब कुछ बदल गया था। झाँसी भी तो अब वैसी नहीं रही थी। सैनिकों की संख्या में बढ़ोतरी हो गई थी। जिनमें गोरे सैनिक भी थे। कहीं-कहीं चार-छह की टुकड़ियों में अलग वे पहरे पर थे। हिन्दुस्तानी सिपाही अलग थे। जाँच-पड़ताल बढ़ गई थी। जगह-जगह टोका-टाकी होने लग गई थी। झलकारी को अपने सवाल का जवाब नहीं मिल पाया तो उसने पुनः कहा, "कओ लल्ला का बात है, कहाँ खो गए।"

झलकारी की आवाज से दोनों का ध्यान टूटा। उनके मुँह से अचानक निकला था, "जे सोचई झलकारी बहना बलाय बदल गई, अबई ते सच्चम सच्चा की सिपइयां बन गई।"

झलकारी ने सुना तो उसे अच्छा लगा। तभी वे फिर बोले, "हमई भी सिपइयाँ बनवाई दै।"

उसने उनके मुँह से सिपाही बनने की बात सुनी तो उसे और भी अच्छा लगा। थोड़ा सोचते हुए वह बोली थी, "हाँ, भइया सिपइया बनो बिन काम नाय चलेगा अबई," दोनों ने सुना। झलकारी की आवाज इस बार गम्भीर थी। स्वर में ठहराव भी था। उसकी बात सही थी। सिपाही का अलग तरह का ही रुतबा होता है। स्वयं अपने गाँव में उन्होंने देख ही लिया था। तभी से उनका भी मन हो रहा था। इस बारे में शहर चलकर झलकारी से बातचीत की जाए। गाँव में चार-पाँच लोग झाँसी से लौटे थे। सभी के होंठों पर झलकारी का नाम था। पूरे गाँव में लुगाइयन की सेना की कमांडर बनने की बात फैल गई थी। जो भी सुनता दो-चार लोगों से आगे यही बात कहे बिना नहीं मानता। मन को उद्वेलित करनेवाली बात आगे तक तो पहुँचती ही। महिलाएँ तो एक-दूसरे से जब तक यह समाचार कह नहीं देती, उनके पेट का पानी हिलता ही रहता। वे संचार का महत्त्वपूर्ण माध्यम थी।

दोनों को सोच-विचार में डूबे पाया तो झलकारी ने टोक दिया, "का है गयो लल्ला ?" झलकारी की बात सुनकर उनकी विचार तन्द्रा टूटी तो हड़बड़ाए स्वर में बोले, "कछु नई, थोड़ा गाँव चले गए थे।"

"गाँव, पर कइसे ? घोड़ा से, गधा से, काए पर चढ़कर, तुम तो मोये सामने बइठे हो।" इस बार रमची ने कहा था, "बहना ई मन है ना सबसै तेज दौड़त है।" सुनकर बोली थी झलकारी, "तै बात तो ठीकइ है।"

पर चन्ना कब चुप रहनेवाला था, "अबई हमाय बहना गलत थोड़ाई कहवैगी।"

कुछ समय तक उनके बीच चुप्पी रही। वह चुप्पी तोड़ी थी स्वयं झलकारी ने, "ई

बतलाव सिपइया कबई बनवोगे ?'' इस बार दोनों का संयुक्त स्वर उभरा था, ''जबई तुमाय मरजी हो। हम तो गाँव से तैयार होकर झाँसी आ गए हैं।''

झलकारी ने महसूस किया। उनके स्वर में आत्मविश्वास था। फिर भी एक बार और पूछे बिना नहीं रह सकी वह, ''लल्ला दोबारा सोच लओ। सिपइया बनना कोई हँसी खेल नई।'' सुनकर पहले चन्ना बोला था, ''बहना हम गाँव से सोचकर ई चले थे।'' झलकारी केवल हुँकारा दिया था। तभी रमची ने भी कहा था,

''जब तुम सिपइया बन सकत हो तो हम काहे नई ?''

झलकारी ने उन्हें जैसे फिर तोला था, ''सोच लओ खूब। रानी की सेना में भरती होवैगे तो पैसा-वैसा कुछ खास नई मिल सकत।''

तभी पूछा था चन्ना ने, ''सिपइया की वरदी तो मिलइगी।''

बीच में बोला था रमची, ''और हथियार भी।''

झलकारी ने इतना ही कहा था, ''सबई मिलेगा।''

उन दोनों का और भी आत्म-विश्वास बड़ा था। दोनों का स्वर उभरा था, ''बहिना भूखे-प्यासे रहकर भी हम अपनी झाँसी की रक्षा कर सकन्ना।''

झाँसी तथा आसपास के गाँवों से सेना में भर्ती होने के लिए हर उम्र के लोग रानी के पास आ रहे थे। रानी ने अस्थायी रूप में चार-पाँच सेनानायकों को इस काम की जिम्मेदारी सौंप दी थी। जिसमें पूरन को भी शामिल किया गया था। स्त्रियों की सेना में भर्ती के लिए झलकारी को यह उत्तरदायित्व दिया था। पूरन और झलकारी दोनों को महल के पास इस काम के लिए जाना पड़ता था। जहाँ भर्ती घर शुरू कर दिया गया था। भर्ती करते हुए रानी की ओर से चौकसी के भी आदेश थे। सब कुछ सोच-समझकर किया जाता था। हर आदमी की पहले जाँच-पड़ताल की जाती थी। आरम्भ में हथियार नहीं दिए जाते थे। केवल प्रशिक्षण के लिए विशेष मैदान में उन हथियारों को दिया जाता था, पर प्रशिक्षण के तुरन्त बाद ही हथियार वापस ले लिए जाते थे। अधिकांश रूप में नए रंगरूटों को लाठी, भाला तथा बल्लम चलाना सिखाया जाता था। फिर तलवार और बन्दूक की बारी आती थी। घोड़े पर सवारी करते हुए दुश्मन पर तलवार, भाला या बन्दूक से वार करना सभी को नहीं सिखाया जाता था। घुड़सवार सैनिक अलग होते थे और पैदल सैनिक अलग। साथ ही घायल सैनिकों को उठाने से लेकर उनकी मरहम पट्टी करने का प्रशिक्षण भी दिया जाता था।

दलित और पिछले समाज के लोगों के बीच सेना में भर्ती होने के लिए होड़-सी लगी थी। सेना में भर्ती होना उनके लिए सम्मान का प्रतीक था। फिर देश की रक्षा करने का जज्बा उनके भीतर भी था। अंग्रेजों के खिलाफ उनके मन में न जाने कब से आग सुलग रही थे। अब तक वे अंगारा बन दहकने लगे थे। वे देश के काम आ जाए, इससे सार्थक बात और क्या हो सकती है।

झलकारी और पूरन के जिम्मे अब दोहरे काम हो गए थे। घर को भी देखना होता था और घर के बाहर सिपाहियों की भर्ती से लेकर उनके प्रशिक्षण में हाथ बँटाना भी। देश की रक्षा जरूरी थी। अन्य काम बाद के थे। वे दोनों ही निष्ठा से अपनी-अपनी जिम्मेवारी पूरी करने में जुटे थे। यही उन्होंने सीखा था। झाँसी के कुछ लोग भले ही षड़यंत्र में लगे हों, पर उन्हें तो झाँसी की रक्षा करनी थी।

जिस झाँसी की रानी को साम्राज्य से बेदखल कर अंग्रेजों ने आश्रयहीन कर दिया था, उन्हीं के खिलाफ युद्ध की घोषणा करने का रानी के साथ झाँसी की जनता अब पूरी तरह से अपना मन बना चुकी थी। अंग्रेजों के साथ कागज और कलम की लड़ाई से अब कोई फायदा न था। विलायत अर्जियाँ भी भेजनी बेकार थीं। उधर झाँसी में ही अंग्रेज सैनिकों के लिए बैरकें बनने का काम तेजी से आरम्भ हो गया था। मजदूर किसानों को जबर्दस्ती पकड़कर अंग्रेजों के द्वारा सड़क तैयार कराई जा रही थी। युद्ध की पूर्व प्रक्रिया से फसल नष्ट हो रही थी। इसके लिए अंग्रेजों के मन में जरा भी दर्द नहीं था। वे हर स्थिति से निपटने के लिए अपने-आपको तैयार कर रहे थे। गोला-बारूद, हल्की तोपें, लम्बी नाली वाली बन्दूकें, कारतूस सभी कुछ इकट्ठा करने की मुहिम में वे लगे थे। उनके देसी जासूस झाँसी राज्य में बिखरे थे, जो रानी की गुप्त खबरें अंग्रेजों को दिया करते थे।

दलित मजदूर पिस रहा था। गाँव में भी और शहर में भी। चारों तरफ अव्यवस्था थी। सीधे-सीधे असर मजदूर, किसान तथा दस्तकार वर्ग पर ही पड़ता था। गरीबी झेलना उसकी नियति थी। बावजूद इसके महाजन की बही में सात पुश्तों का कर्ज ब्याज समेत बढ़ रहा था। यह भी एक कारण था कि वह फौज में भर्ती होना चाह रहा था। आघात झेलते-झेलते वह स्वयं पलट कर अब वार करना चाहता था। उसके पास बल होगा, हथियार होंगे तो उसके पास भी मान-सम्मान होगा। वह भी अपनी रक्षा कर सकेगा। फौज में भर्ती होने के उद्‌देश्य अलग-अलग थे। प्रजा के अपने-अपने द्वन्द्व थे। पर दलितों में आत्मस्वाभिमान की भावना उभर रही थी। दूर-दराज क्षेत्रों से परस्पर संवाद भी हो रहा था।

पर रानी के भीतर अब कोई द्वन्द्व न था। स्थिति साफ थी और उनके द्वारा लिया गया निर्णय भी स्पष्ट था। कुछ वर्ष पूर्व झाँसी सरकार के जो सैनिक बर्खास्त होकर घर पर बैठे हुए थे उन्हें पुनः बुला लिया गया था। सेना में विश्वास और निष्ठा जगाने का काम सबसे पहले था। रानी ने राज्य शासन और युद्ध की तैयारी की तरफ गम्भीरतापूर्वक ध्यान देना शुरू किया था। विभिन्न पदों पर नियुक्ति की प्रक्रिया प्रारम्भ हो गई थी। ऐसे समय पर लक्ष्मण राव बांडे प्रधानमन्त्री नियुक्त किए गए। रामचन्द्र राव देशमुख दीवान और न्यायाधीश बने नाना भोपटकर। प्रधान सेनापति हुए दीवान जवाहर सिंह। साथ ही दीवान रघुनाथ सिंह, मुहम्मद जुम्मा खाँ आदि पैदल सेना के अधिनायक बनाए गए। प्रधान गोलन्दाज बने गुलाम गौस खाँ। उनके अधीन दुल्हाजु गोलन्दाज बनाए गए।

झाँसी के भीतर और बाहर अन्तर्कलह था। रानी के लिए वही सबसे बड़ी परेशानी

थी। दुश्मन एक नहीं था। उसके अनगिनत मुखौटे थे। न जाने किस रूप में कोई कब शत्रु बन जाए, किसी का कोई पता नहीं था, न ही भरोसा। झाँसी एक समय ओरछा राज्य के अन्तर्गत था। स्वयं झाँसी पर कई रजवाड़ों की नजर थी। वे परस्पर मारकाट में लगे थे। कुछ के लिए अंग्रेज शत्रु थे तो कुछ के लिए मित्र भी। भारतीय जाँबाजों में नायक भी थे और खलनायक भी। वे सब अपनी-अपनी चाल चलने में लिप्त थे। देश में ईस्ट इंडिया कम्पनी के एक सौ वर्ष पूरे हो गए थे। ब्रिटिश भारत में सम्पन्न और विपन्न वर्ग के बीच का अन्तर और अधिक होने लगा था। एक और तीसरा वर्ग, जिसे बिचौले की संज्ञा देना ही उचित है, अस्तित्व में आने लगा था। यह वर्ग देसी राजाओं, नवाबों, रानियों, सामन्तों, महाजनों का अंग्रेजों से संवाद स्थापित कराने में मददगार सिद्ध होता था। इसे न कुछ देश से लेना था और न समाज से। 1857 की क्रान्ति से इसी वर्ग का दूर का भी रिश्ता न था। ये लोग हुक्मरानों की भाषा बोलते थे और रहन-सहन में अंग्रेजों की नकल करते थे। और निर्दयता से दलितों पर जुल्म और अत्याचार करते थे।

1857 वर्ष का आकाश तेजी के साथ सुर्ख खून के रंग में बदलता जा रहा था। छुटपुट घटनाएँ होने लगी थीं। जो इस बात का प्रतीक था कि विद्रोह कभी का फूट चुका था। झाँसी में भी इसका प्रभाव हुआ था। अंग्रेजों के खेमे में खलबली थी और घबराहट भी। विद्रोह की चिनगारी वहाँ भी थी। सब तरफ आग थी। क्रान्तिकारियों को इस आग से खेलने में लेशमात्र भी भय न था। क्रान्ति के इन समर्पित योद्धाओं ने ब्रिटिश सेना से जूझने का मन बना लिया था। दूसरी ओर स्वयं ब्रिटिश साम्राज्य के भेदिए विद्रोहियों की टोह ले रहे थे। ईस्ट इंडिया कम्पनी के अधिकारियों तथा उनके सेनानायकों के बीच सन्देश हेतु आदान-प्रदान हो रहा था।

एक दिन ऐसा भी आया जब रणभेरी बज उठी। झलकारी तो युद्ध क्षेत्र में उतरने को लालायित थीं। 10 मई, 1857 को मेरठ छावनी में भारतीय सैनिकों ने जो विद्रोह की शुरुआत की थी उसकी चिनगारी झाँसी में भी पहुँची। ऐसे समय पर पूरन कोरी और भाऊ बख्शी ने विद्रोह का संचालन किया। इस समय झलकारी बाई भी अपने पति के साथ अंग्रेजों से युद्ध करने के लिए तत्पर हो उठी थी।

कानपुर और झाँसी में भी क्रान्ति फैली। मेरठ और दिल्ली के सिपाहियों के सहयोग से कानपुर और झाँसी स्वतन्त्र हो गए। झाँसी की बागडोर महारानी लक्ष्मीबाई के हाथ में आ गई। झलकारी के मन में आया कि वह रानी से अपने दिल की बात कहे। उसने रानी से कहा, "आज मेरी प्रतिज्ञा पूरी हो गई परन्तु साध रह गई।"

रानी बोली, "प्रतिज्ञा कैसी और साध क्या ?"

झलकारी ने जवाब में कहा, "मार्च माह उन्नीसौ चौवन को झाँसी अंगरेजों ने हथियाय लया था। उस दिन मैंने प्रतिज्ञा में अपने जेवर उतार दए थे। आज पहनने का

मन हय।"

रानी ने कहा था, "जौ तो खुसी कौ अवसर है पैन्नों।" झलकारी का उदास स्वर था, "काँ हैं जो पैन्नौं ?"

रानी ने पूछा था तभी, "क्यों ?"

"बछिया घायल होने से गंगा स्नान और भोजी में सबई बिक गय्ये।" यह सुनकर रानी को बहुत दुःख हुआ। उन्होंने सुनार को बुलवाकर नए आभूषण बनवाने की बात की थी। सुनकर झलकारी को अच्छा लगा था। रानी उसके लिए इतना कर सकती है। पर ऐसी परिस्थितियों में वह जेवर थोड़ा ही पहनेगी। तब झलकारी ने जेवर न पहनने की बात कही थी। रानी ने पूछा था, "क्या पहनोगी ?" जवाब में कहा था उसने, "अबई तो युद्ध में बताऊँगी।" झलकारी की बात बड़ी गम्भीर थी। जिसे रानी ने महसूस किया था।

6 जून, 1857 को झाँसी में विद्रोह भड़क उठा। पूरन कोरी और भाऊ बख्सी तथा बख्शी अली दारोगा ने खजाने और शस्त्रागार पर अधिकार कर लिया। उस समय खजाने में चार लाख रुपए थे। पूरन कोरी और भाऊ बख्सी ने 6 जून, 1857 को झाँसी का किला घेर लिया। झाँसी में 5 जून से 8 जून तक कोरी और भाऊ बख्सी का झंडा लहराता रहा। अंग्रेज स्वामिभक्त कोतवाल नीलधर, मदार बख्स आदि पकड़े गए।

कैप्टन गोर्डन तथा कैप्टन डनलप 6 जून के बीच मारे गए। कैप्टन स्कीन के साथी को अस्त्र-शस्त्र समर्पित करने के बाद किले से बाहर आने दिया गया, पर महिला तथा बच्चों को छोड़कर सभी झोकन बाग में बख्शी अली दरोगा के सैनिकों द्वारा मार डाले गए। रानी ने मेजर स्कीन तथा कैप्टन गोर्डन को दतिया जाने का परामर्श दिया था। पर वे सब मार डाले गए। उन्होंने इस शर्त पर आत्मसमर्पण किया कि उसके साथियों को दतिया जाने दिया जाए।

झाँसी में अंग्रेजों के सीने पर विद्रोहियों की यह जोरदार दस्तक थी। ऐसा आभास अंग्रेजों को न था। इस ऐतिहासिक घटना ने ब्रिटिश सैनिकों को ज्यादा निर्दयी होने के लिए उत्तेजित ही किया था। दतिया और ओरछा झाँसी राज्य को पस्त करने के अवसर की तलाश में थे। रानी इसे अच्छी तरह से जानती थी। झाँसी में जो हत्याकांड हुआ हालाँकि उसमें स्वयं झाँसी के सैनिकों का उतना हाथ न था। विशेष रूप में वे संयुक्त प्रान्त के विद्रोही थे। उनमें अधिकांश झाँसी से चले गए थे।

झाँसी में रह रहे कुछ अंग्रेज अधिकारी भागने में सफल हो गए थे। उनमें अधिकांश भारतीय ईसाई थे। उनका रंग, बोली सभी कुछ भागने के अनुकूल थी। स्वयं रानी का मन विद्रोहियों के साथ था। बहुतों ने उस दिन देखा था। रानी के हुक्म से कड़क बिजली तोप लेकर सिपाही किले पर गोले दाग रहे हैं। झाँसी में डुगडुगी पीटकर घोषणा की गई थी "**अमल खुदा का, झाँसी लक्ष्मीबाई की**–फिरंगियों को मार डालो।" जैसे झाँसी की रानी का खिताब पुनः वापस मिल गया हो।

बाद का दौर झाँसी में खून-खराबे का था। युद्ध का कहीं अन्त नहीं था। महल

के भीतर-बाहर सभी जगह जंग छिड़ी थी। ऐसे में पूरन कोरी और भाऊ बख्शी अंग्रेजी सेना को परास्त करने में जी-जान से जुटे थे। अजीब तरह का कोलाहल था। झलकारी बाई रानी लक्ष्मीबाई के बारे में चिन्तित थी कि कहीं रानी अंग्रेजों के हाथ न पड़ जाए और ब्रिटिश सेना अपनी विजय पताका फहरा दें। ऐसी नाजुक स्थिति में झलकारी बाई ने बड़ी सूझ-बूझ से रानी के सामने सुरक्षित स्थान पर जाने की इच्छा प्रकट की। पर रानी जल्दी में तै नहीं कर पाई। तब झलकारी बाई के मन में उन्हें भांडेरी फाटक से अपने वफादार साथियों के साथ रवाना करने की बात कही।

युद्ध की ऐसी भीषण स्थिति में भी झलकारी बाई विचलित नहीं हुई। वह सन्तुलन बनाए हुए थी। सच कहा जाए तो उनमें धीरता और वीरता का अनोखा संगम था।

सभी फाटकों पर तोपची और बन्दूकची अपना जौहर दिखा रहे थे। रानी बड़ी ही चुस्ती से हर फाटक की निगरानी कर रही थी। वह पश्चिमी मोर्चे पर पहुँची और गुलाम गौश को उसने शाबाशी दी, फिर दक्षिण बुर्ज से होती हुई उत्तरी बुर्ज पर आई। झलकारी पूरन अब भी अपने मोर्चे पर डटे भीषण आग दुश्मनों पर उगल रहे थे। रानी उन दोनों के उत्साह को देखकर बड़ी प्रसन्न हुई। पूरन को शाबाशी दी, और झलकारी की पीठ पर हाथ फेरते हुए बोली, "झलकारी तुमने बड़ी मेहनत की, बड़ी बहादुरी से पूरन का साथ दिया।"

उधर जनरल ह्यूरोज को पता चल गया था कि तात्या टोपे विशाल सेना के साथ झाँसी की मदद को आ रहा है। जनरल उसकी ताकत को अच्छी तरह से जानता था। उसे डर था कि कहीं तात्या व रानी की सेना का संगठन न हो जाए। इसलिए उसने मार्ग में अपने कुछ दस्ते छिपा दिए। जब तात्या की फौजें बराबर से आईं, अंग्रेज फौजों ने चारों ओर से घेर लिया, और अचानक आक्रमण कर दिया। एकाएक हमला होने के कारण तात्या की फौज सँभल न सकी, फिर भी तात्या ने जमकर लोहा लिया, परन्तु बीच में घिर जाने के कारण उसने अपनी तोपें छोड़ दीं, और बचता हुआ कोंच होकर कालपी पहुँचा।

काफी देर तक रानी यह सब दूरबीन से देखती रही। कैसे एक-एक सैनिक अंग्रेजों से बहादुरी के साथ युद्ध करते-करते शहीद हो रहा था। उसके हृदय को गहरी ठेस लगी परन्तु उसने साहस नहीं छोड़ा। घोड़े पर सवार हो बुर्ज पर पहरा दे रहे विश्वस्त सैनिकों को सावधान रहने की सूचना देने लगी। सभी फाटकों का निरीक्षण करती हुई वह उत्तरी फाटक पर आई। यहाँ पूरन और अन्य कोरी सैनिकों के साथ थे। वह तोपों का संचालन कर रहा था। रानी ने आगे बढ़कर पूरन से पूछा, "झलकारी नईं आई ?" पूरन की ओर से जवाब मिला, "अबई तौ हमाये सातई हती।"

"कोई बात नहीं।" रानी कहती हुई आगे बढ़ गई ?

इसी समय एक जोर का धमाका हुआ। गोले की आवाज सुनकर झलकारी अपने पति की सहायता के लिए उठ खड़ी हुई। वह पूरन से थोड़ा दूर उत्तरी दिशा में थी। धोती का फेंटा कमर से कस लिया और भागती हुई अपने बुर्ज पर पहुँची। उधर पूरन ने अपने साथियों को निशाना बाँधने का आदेश देते हुए पलीता देने का हुक्म भी दे दिया। ऐसे अवसर पर पूरन अन्य सैनिकों का साहस बढ़ाने लगा था।

अवसर देख अंग्रेजों की सेना चारों ओर से झपटी। सैंयर फाटक 'दक्षिणी' पर हमला हुआ, परन्तु खुदाबख्स ने डटकर मोर्चा लिया। गोरे सैनिक पीछे हटे फिर उत्तरी फाटक पर हमला हुआ, परन्तु झलकारी पूरन के नेतृत्व में दलित-पिछड़ी जाति के लोगों ने अपनी जबर्दस्त मार से दुश्मन के सैनिकों को पीछे हटा दिया। इसके उपरान्त दक्षिणी मोर्चे पर गोरों का हमला हुआ। वहाँ भी अंग्रेजों को मुँह की खानी पड़ी। अंग्रेज सैनिक विवश थे, क्योंकि झाँसी के नौजवान चारों ओर से मुकाबला करने पर तैयार थे? उनके भीतर हिम्मत और बहादुरी का सैलाब उमड़ पड़ा था।

थोड़ी देर उपरान्त उत्तरी फाटक पर एक बड़े जोर का हमला हुआ। अबकी गोरे खिसियाए हुए थे। उनके हाथों में बन्दूकें थीं। धड़ाधड़ दोनों ओर से गोलियों की बौछार शुरू हो गई। उन्नाव फाटक का विकट मोर्चा देख गोरों के पैर उखड़ने लगे। वे भीतर आने की तदबीर सोच रहे थे, पर कहीं से भी उन्हें सुराख नहीं मिल रहा था। इसी बीच पूरन व उनके साथियों ने गोलियों की झड़ी लगा दी। झलकारी ने गोरों के सिरों को ऊपर न उठने दिया। वह भीषण मार कर रही थी। पूरन पीछे से आनेवाली फौज को धराशायी कर देता था। झलकारी सामने से आगे बढ़नेवालों को भून कर रख देती थी। अंग्रेजी सेना में खलबली मच गई। बहुत से अंग्रेज मारे गए तथा अनेक घायल हो गए। पर जो बचे थे वे डटे रहे। युद्ध चलता रहा।

इसी बीच अंग्रेजी सेना की एक टुकड़ी ने छिपकर हमला किया कुछ उन्नाव बुर्ज की दीवार के पास तिरछे आते दिखाई दिए। अबकी उनके हाथों में बन्दूकें, सीढ़ियाँ और रस्सियाँ थीं। अचानक झलकारी की उन पर नजर पड़ी। वह उनका अभिप्राय ताड़ गई। उसने अपनी बन्दूक उठाई कारतूस सँभाले और झुकती हुई दीवार के किनारे-किनारे आगे बढ़ी। पूरन की निगाह घूम गई। झलकारी को दबे पाँव बढ़ते देख टोककर बोला, "काँजा रई ?"

झलकारी गुस्से में बोली, "देख नई रहे। गोरा सीढ़ी लगाबे चाउत। ऊपरै आँये तो इज्जत मिट्टी में मिल जैये।" "तो मतोउ आउत" पूरन कहते ही उठ खड़ा हुआ।

"नई, तुम तोपन लौ रओ, तासे फौज न आउन पाँय। मैं इन गोरन तै निपटत।" झलकारी वहीं से बोली।

झलकारी फुर्ती से बुर्ज से नीचे आई। सभी जाति की स्त्रियों को इकट्ठा किया और बोली, "अब गोरा भीतरैं आउन चात। हमाई दीवाल सै भीतरै जैयै। हमाई इज्जत मट्टी में मिलजै। आज बताउनैं कि बुन्देलन की जनी परान दै के झाँसी के रच्छा कर है। हुपक हाँतन लै लो, सूद मिल लौ, अपनी लठियाँ निकाल लौ। कंडन जैसे दुश्मन की मुंडी फोर

दौ, खरिहान सौं बिछा दो एक गोरा लौट कै न जा पाउ न ऊपरैं आन पाउनें।"

झलकारी की जोशीली वाणी ने स्त्रियों के रक्त को खौला दिया। उसके एक-एक शब्द तीर की तरह उनके हृदय में चुभ गए। फिर क्या था ? जिनके पास बन्दूकें थीं, उन्होंने ओट लेकर निशाना बाँधा। बाकी ने ईंट-पत्थरों का प्रयोग किया ? देखते ही देखते अंग्रेजी सेना की तरफ धड़ाधड़ ईंट, पत्थरों तथा गोलियों की बौछार शुरू हो गईं। झलकारी ओट लेती हुई आगे-पीछे बराबर आ रही थी। यह दृश्य देख पूरन से न रहा गया। उसने अपनी कारतूस की पेटी उठाई, बन्दूक सँभालकर आगे बढ़ गया।

जो अंग्रेज सीढ़ी लेकर बढ़ता था, झलकारी उसे चित्त कर देती थी। बचकर जो भी निकलता था, पूरन उसे धराशायी कर देता था। जिस गोरे का सर ऊपर उठा झलकारी ने उसे भी तलवार से काटकर रख दिया। ईंट-पत्थरों ने उनकी खोपड़ी खोल दी। गरम खौलते पानी ने उनके लाल शरीर को उधेड़कर रख दिया। गोलियों की बौछार ने उन्हें मौत की नींद सुला दिया। झलकारी और पूरन ने दुश्मनों की लाशों के ढेर लगा दिए।

बुर्ज के नीचे बहुत मरे, सैकड़ों घायल हुए। मुर्दा लाशों में जिन्दा लोथ तड़पने लगी। अंग्रेजी सेना में हाहाकार मच गया। बचे-खुचे सैनिक इधर-उधर भागने लगे, परन्तु पूरन झलकारी ने उन्हें भी चित्त कर दिया। उन्नाव फाटक पर अब गोरों का भय कम हो गया, परन्तु दूसरे दरवाजों पर अभी भी घमासान युद्ध चल रहा था।

भांडेरी गेट से लेकर उन्नाव गेट तक युद्ध का संचालन स्वयं झलकारी बाई कर रही थी। उसने तोपखाने को भी सँभाल रखा था। जबकि उसके पति पूरन और भाऊ बख्सी आदि दूसरी जगह पर अंग्रेजों से लोहा ले रहे थे।

चूँकि झलकारी बाई का चेहरा और व्यक्तित्व रानी लक्ष्मीबाई के समान था। इसलिए इसका फायदा भी हुआ। जब रानी लक्ष्मीबाई किले के भीतर थी, उस समय झलकारी बाई अंग्रेजों का संहार कर रही थी। उसका मुख्य उद्देश्य था अंग्रेजों को सारे दिन लड़ाई में उलझाए रखना ताकि रानी लक्ष्मीबाई बिठूर के सुरक्षित स्थान तक पहुँच जाए। इस योजना को अभी अमल में लाना था।

तभी उनके पति पूरन कोरी अपनी मातृ-भूमि की रक्षा करते हुए शहीद हो गए। झलकारी बाई को इस दुखद घटना की जानकारी मिलते ही वह वहाँ पहुँच गई। उसने देखा कि जमीन पर रक्त में डूबा उनके पति का शव पड़ा था। कुछ क्षणों तक भाव शून्य हो वे अपने पति की मृत देह को देखती रही। भारतीय नारी का पति ही सर्वस्व होता है। ऐसे विकट समय पर उसने कहा था, "झाँसी कै लाने मोय सै पैले तुमने परान दे दय।" भाव तन्द्रा भंग होते ही अपने पति के चरणों को स्पर्श कर तेजी से उछलकर घोड़े पर सवार हो कुछ ही दूरी पर चल रहे युद्ध में अंग्रेज सेना पर घायल सिंहनी की भाँति टूट पड़ी। उसने अपने पति के युद्ध में मारे जाने का दुःख नहीं था, अपितु झाँसी की सुरक्षा की चिन्ता थी।

चारों ओर आग की लपटें थीं। जो हर पल और ऊँची हो विकराल बनती जा रही थीं। हलवाई पुरा में आग लगने के बाद लपटें कोरियों के मुहल्ले में भी जा पहुँचीं। एक घर से दूसरा, फिर तीसरा। तेज गति के साथ आग पूरी बस्ती में फैलने लगी थी। कोलाहल मच गया था चारों तरफ। लोग घरों से निकलकर बाहर भागने लगे। उनके पीछे औरतें और औरतों के पीछे बच्चे। बूढ़ों ने गिरते-पड़ते आगे बढ़ने का प्रयास किया था। लोग पागल के समान हो गए थे। स्त्रियाँ और बच्चे चीखने-चिल्लाने लगे थे। उनमें अधिकांश विलाप कर रही थीं। ऐसे समय पर किसी को किसी का रुदन सुनने की नहीं पड़ी थी। प्रत्येक आदमी के सामने स्वयं को बचाने की पहले कोशिश थी। मन्दिरों के घंटे बजने लगे थे, मस्जिदों से अजान की आवाजें आने लगी थीं। चारों तरफ रुदन और चीत्कार की गूँज थी। वीभत्स जीवित चित्रों के ढेर सारे टुकड़े बिखरे थे। कुछ सैनिक तड़पते हुए अन्तिम साँसें ले रहे थे। शेष मार-काट कर रहे थे। गोरा दुश्मन सामने था।

झाँसी की फौज दुश्मन पर भारी पड़ रही थी। झाँसी के लोगों में अजीब उत्साह था। जिसमें जरा भी देश के लिए प्यार था उसने अपने-अपने तरीके से मोर्चाबन्दी कर ली थीं। स्त्रियों ने चूड़ियाँ तोड़कर हथियार सँभाल लिए थे। उनके हथियार परम्परागत भी थे और आधुनिक भी। सबसे बड़ी बात तो यह थी कि 'डर' उनके भीतर से निकल कर भाग गया था। पहली बार उन्हें अपने आप पर विश्वास हुआ था। उन्होंने हिम्मत की थी लड़ने की। वे अब तक जौहर करती रही थीं। नदी, नालों, कुओं और आग में कूदकर जान देती रही थीं। इस परम्परा को झलकारी बाई ने उलट दिया था। यह सीख उन्हें झलकारी ने दी थी। उनके सामने एक ही उद्देश्य था। और वह था दुश्मन को मार गिराना। वे पीठ दिखाकर मरना नहीं चाहती थीं। लड़ते-लड़ते वीरगति को प्राप्त होने की उनमें ललक थी। जुनून था उनके भीतर। वही जुनून उन्हें आगे बढ़ने में मदद कर रहा था।

उस समय रानी वैसा हृदय विदारक दृश्य देखना न भूली थी। आर्त्तनाद करते नर-नारी और रोते, चीखते बच्चे। भयंकर अट्टाहास के साथ अंग्रेज सिपाही उनकी हत्या कर रहे हैं। जलते हुए घरों से लोग कूदकर बाहर जा रहे हैं। प्रभात का नीला आकाश, पर चारों तरफ धुआँ ही धुआँ। शहर में आग की ऊपर उठती लपटें। रानी ने स्वयं से बड़े ही दुखी स्वर में कहा था, "यही विनाशलीला देखने के लिए क्या वह जीवित है ?"

अजीब द्वन्द्व ने उसे जकड़ लिया था। झाँसी की सड़कों पर खून ही खून बह रहा था। लोग मर-कट रहे थे। तलवारें टकराने और गोलियाँ छूटने की आवाजें आ रही थीं। समूचा झाँसी युद्ध क्षेत्र बन गया था। चप्पे-चप्पे पर मारकाट हो रही थी। नदी, नाले, टोरिया, सड़कें, किले की दीवारें, महल के बुर्ज, दरवाजें, खिड़कियाँ सभी तो खून से लाल होने लगे थे। कौन लिखेगा उनका इतिहास, इन सबकी चिन्ता किसे थी। परवाह थी तो बस झाँसी के मान-सम्मान की।

दूसरी तरफ झलकारी को चिन्ता थी तो रानी के मान-सम्मान की। उसकी निगाह में झाँसी और रानी में कोई फर्क न था। झाँसी और रानी, रानी और झाँसी उसके लिए

एक ही थे। रानी को शत्रुओं ने कहीं स्पर्श भी कर लिया तो सारी मर्यादा पर पानी फिर जाएगा। रानी पकड़ी गई तो बुन्देलखंड की नाक कट जाएगी। झाँसी की वीरता मिट्टी में मिल जाएगी। दुश्मन पर वार करते हुए झलकारी रानी के बारे में सोच रही थी।

दुख-क्षोभ और मर्मान्तक पीड़ा से रानी कितनी बार नहीं टूटी होगी, पर हर बार उसने हिम्मत की थी। स्वयं अपने आपको ढाँढस बँधाया था। महल के बाहर दुश्मन की सेना थी और भीतर सैनिकों में मिले विद्रोही भी। फूँक-फूँककर कदम रखना पड़ रहा था उसे। किस पर विश्वास करे और किस पर नहीं। यह सोचकर वह परेशान हो जाती थी। पर सबसे बड़ी परेशानी की बात उसके लिए बालक दामोदर था, जिसे वह पुराने नाम आनन्द से ही पुकारती थी। आनन्द की सुरक्षा की बात उसके मन में बार-बार आती थी। कई तरह के विचार उसके भीतर आते-जाते थे। एक मन करता था कि अंग्रेजों के खिलाफ लड़ते-लड़ते प्राण दे दूँ। फिर विचार करती। इतनी सहजता से वह हार कैसे माने ? एक-एक कर उसके करीबी साथियों के वीरगति प्राप्त होने की खबरें रानी को मिल रही थीं। सुन्दर तो पहले ही ओरछा फाटक पर वीरगति को प्राप्त हो गई थी, बाद में रानी ने खुदाबख्श, मोतीबाई, गुलाम गौस के भी मारे जाने की खबर सुनी। वे सबके सब उसे छोड़ जा रहे थे। रानी का दिल पत्थर हो गया था सुनते-सुनते। आँसू तक सूख गए थे उसकी आँखों के। उन्हीं आँखों में बार-बार बिजली-सी कौंध जाती थी।

तेजी के साथ वफादार सैनिकों की संख्या घट रही थी। किले के भीतर उस समय बारह सौ अफगानी और मकरानी मुसलमान घुड़सवारों से अधिक न थे। बहुतों ने लड़ते-लड़ते अपने प्राण दे दिए थे। उनमें से लगभग चार सौ सैनिकों को अपने साथ रखा था रानी ने। साथ ही उसके साथ दामोदर राव, रामचन्द्रराव देशमुख, जवाहर सिंह, रघुनाथ सिंह, गुल मोहम्मद, काशी और मुन्दर रह गए थे। जिन्हें उन्हें साथ ले जाना था। सबकी यही राय बनी कि रानी को झाँसी से निकल जाना चाहिए। रानी ने भी यही मन बनाया था। मध्यरात्रि चाँद निकलने के पहले वे लोग मांडेर के रास्ते पर कालपी जाने के लिए निकलेंगे। ऐसी योजना बनी थी।

उधर ओरछा और दतिया से अंग्रेजों की मदद करने के लिए सेनाएँ आ गईं। नगर के प्रत्येक दरवाजे के बाहर चालीस गज के फासले पर कतारों में पहरा लगा दिया गया। रानी छिपकर बाहर निकलने न पाए, इसलिए यह सब बन्दोबस्त अंग्रेजी सेना ने किया था।

दूसरी ओर रानी की योजना पूर्ववत रही। उसमें जरा भी बदलाव नहीं किया गया। जान जोखिम में डालकर रानी को सुरक्षित किले से बाहर निकालना था। ऐसी सभी की सोच थी। निश्चय हुआ कि पहले रानी निकल जाएगी। उसे अंग्रेज सिपाही देख न सके, इसके लिए लाला भाऊ बख्शी पूर्वी दिशा की बुर्ज से कड़क बिजली तोप चलाकर राजमहल के पास तैनात सैनिकों को हड़बड़ी में डाल देंगे।

चन्द्रमा निकलने के कुछ देर पहले ही चुपचाप रानी की अत्यन्त प्रसिद्ध घोड़ी सारंगी

को लाया गया। उत्तरी दिशा में किले की दीवार के नीचे थी हस्तिशाला और घुड़साल। उसी तरफ के दरवाजे से होकर रानी अपने निकटतम वफादार साथियों के साथ निकल गई। पश्चिम में मांडेर फाटक पर प्रतीक्षा कर रहा था एक कोरी सैनिक। रानी को देखते ही उसने फाटक खोला। निकलने से पूर्व रानी दामोदर को दूध पिलाने के लिए चाँदी का गिलास रखना नहीं भूली थीं।

जिस समय रानी दामोदर को घोड़े की पीठ से बाँध किले से बाहर निकली, सारा झाँसी शहर धू-धूकर जल रहा था। हर तरफ आग थी, खून था और थी फ़िरंगी सेना की चौकस निगाहें। वैसी चौकस निगाहों को एक बार रानी ने फिर धत्ता बता दिया था। रानी के भीतर अभी भी झाँसी के लिए प्रेम था। झाँसी को पुनः आजाद कराने के लिए ही उसने झाँसी के बाहर जाने का मन बनाया था।

युद्ध अभी रुका नहीं था। कहीं भयंकर सन्नाटा था तो कहीं हृदय विदारक चीत्कार। चाँदनी रात थी, गर्मी का मौसम था। तेज हवा चलने के कारण आग और बढ़ रही थी। कोई घर ऐसा नहीं था जिसमें चिनगारी न लगी हो। कुछ घर तो सारे जल कर राख हो गए थे। शहर मरघट में तब्दील हुआ-जैसा लगता था। चारों तरफ बास फैली हुई थी। कहीं लाशें अपने आप गोला बारूद के फटने से जल गई थीं तो कहीं चुपके से उनके संगी साथियों ने जला दी थीं। देशभक्तों का अन्तिम संस्कार जो करना था। कम से कम यही साध तो पूरी हो जाए। घर के घर उजड़ गए थे। सुहाग की बिन्दी, चूड़ियाँ, पैजनियाँ और उन्हीं के आसपास अर्धजली हुई लाशें। उन लाशों ने अपनी जातियों की पहचान खो दी थी और भुला दिया था धर्म भी। बस वही धर्म याद रखा था कि झाँसी की आन पर न्यौछावर हो जाना। उसी झाँसी की रक्षा के लिए वे सब मर मिटे थे।

झलकारी के सामने अब एक ही रास्ता था। जैसे भी हो गोरों का ध्यान रानी से हटाया जाए। और झाँसी की रानी लक्ष्मीबाई को बचाया जाए। जितना भी जल्दी हो उसे छावनी पहुँचना है। वह सीधे दतिया गेट से होती हुई छावनी जा पहुँची।

जनरल ह्यूरोज कैम्प में ही था। गोरे सैनिक बाहर पहरे पर थे। वहाँ पहुँचकर उसने घोड़े की लगाम खींची। रास खिंचते ही घोड़े की दोनों अगली टापें उठ गईं। उसने गर्जना की और वहीं रुक गया। तेज आवाज सुनकर गोरे चौंक गए। हड़बड़ाहट में पूछा, "टुम कौन हाय ?" पूछने वाले सैनिक के पास बन्दूक थी और उसने बन्दूक की नाल झलकारी की ओर की हुई थी। झलकारी ने बेखौफ उत्तर दिया था, "रानी।"

पुनः पूछा था उसी सैनिक ने, "कौन रानी ?"

झलकारी वैसे ही स्वर में बोली थी, "झाँसी की रानी, महारानी लक्ष्मीबाई।"

एक गोरा सैनिक जो हिन्दी जानता था खुशी में उछल पड़ा, "हाय, रानी झाँसी की रानी।" उसकी आँखों में उल्लास तैर उठा था।

तभी झलकारी ने आदेश देने जैसे स्वर में कहा, "हम तुम्हारे जंडैल* को इधर इसी बखत मिलना माँगता।"

सिपाहियों ने सुनकर ह्यूरोज को तुरन्त खबर दे दी। जल्दी ही जनरल ह्यूरोज आ गया। उसके साथ स्टुअर्ट भी था। उनके चेहरे पर खुशी थी और आश्चर्य भी। इसी बीच गोरे सैनिकों में हल्ला हो गया था। रानी पकड़ी गई। वे खुशी से नाचने-झूमने लगे। झलकारी भी खुश थी कि उन्हें बेवकूफ बनाया। आखिर उसका उद्देश्य भी तो यही था। जब तक अंग्रेज उसकी जाँच-पड़ताल में उलझेंगे तब तक तो रानी को इतना समय मिल ही जाएगा कि वह झाँसी से बहुत दूर निकल जाएगी और वहाँ तक गोरों का पहुँचना असम्भव होगा।

जनरल और स्टुअर्ट के साथ सभी सिपाही उसे टकटकी लगाए देख रहे थे। बिल्कुल वैसा ही रानियों जैसी शान ! चेहरे पर स्वाभिमानी चमक, आँखों में निर्भीकता। उसकी आँखों से आँखें न मिला पाए थे ह्यूरोज और स्टुअर्ट। झलकारी के चेहरे पर एक अजीब तरह की आभा दिखाई दी उन्हें। ह्यूरोज ने आश्चर्य के स्वर में पूछा था, "कौन हो टुम ?" वैसे ही निर्भीकता से उत्तर दिया था झलकारी ने, "झाँसी की रानी।"

जनरल ह्यूरोज धोखे में आ गया। ऊपर से नीचे तक देखता रहा वह उसे। स्टुअर्ट से कहा उसने, "किटना जवान, किटना खूबसूरट।"

स्टुअर्ट ने केवल हामी भरी थी। वह ध्यानपूर्वक झलकारी को देख रहा था तभी ह्यूरोज ने झलकारी को कैम्प में चलने को कहा।

कैम्प नजदीक था। कुछ सैनिक झलकारी के आगे-पीछे घेरा बनाकर चल रहे थे। वे सतर्क थे और मुस्तैदी से अपनी जिम्मेदारी निभा रहे थे। उनके भीतर खुशी के साथ उत्साह था। झलकारी अभी भी घोड़े पर सवार थी। ह्यूरोज कुछ देर झलकारी के शरीर, व्यवहार तथा वेशभूषा से रानी का मिलान करता रहा। इसी बीच ह्यूरोज ने स्टुअर्ट से धीमे से कुछ कहा।

थोड़ी देर में वहाँ दुल्हाजू आ गया था। दुल्हाजू ने झलकारी को देख लिया था। जबकि वह उसे नहीं देख सकी थी। आड़ में खड़े हो कई बार उसने कनखियों से झलकारी को देखा था। उसे देख दुल्हाजू के होंठों पर कपटपूर्ण मुस्कान आ गई थी। वह सोच रहा था। झलकारी सबको धोखा दे सकती है पर उसे नहीं। यह वही दुल्हाजू था जिसने ओरछा फाटक खोलकर अंग्रेजी सेना को भीतर आने का अवसर दिया था।

दुल्हाजू इस अवसर पर भी कपट से बाज नहीं आया। स्वार्थवश वह अपनों और गैरों में भेद नहीं कर पाया। यही उसकी बेईमानी थी जो उसने अपने धर्म तथा अपने देश से भी निभाई। उसने झलकारी को ऊपर से नीचे तक देखा। झलकारी ने भी उसकी आँखों में आँखें गड़ा दी थी। दूल्हाजू की आँखों में कही शर्म हया न थी। उन आँखों से मक्कारी तथा गद्दारी टपक रही थी। झाँसी के इतिहास में वह पुनः खलनायक बन

---

* जनरल।

उपस्थित हुआ था। बिना एक पल गँवाए उसने ह्यूरोज से कहा था, "सरकार यह रानी नहीं है।"

ह्यूरोज ने सुना तो आश्चर्य में भर उठा। "फिर कौन हाय ?"

झलकारी की आँखों में बिजली जैसी चमक देख वह सहम गया था। वैसे ही स्वर में बोला था, "झलकारी कोरिन सरकार।"

दुल्हाजू के मुँह से रानी लक्ष्मीबाई के स्थान पर झलकारी कोरिन सुनकर इस बार ह्यूरोज को आश्चर्य के साथ जिज्ञासा भी हुई थी। उसने कुछ न समझते हुए सवाल दागा था, "कौन झलकारी ?"

जवाब में बतलाया था दुल्हाजू ने, "सरकार पूरन सिपहसालार की पत्नी।"

ह्यूरोज ने एक और नया नाम सुना तो उसका सर चकरा गया। गुस्से में भभका था वह, "पैले झलकारी फिर पूरन क्या-क्या बोलटा हाय टुम, हमारी कुछ समझ नहीं आटा हाय।"

झलकारी चुप थी। छावनी के गोरे सैनिक शान्त थे, पर उनकी बन्दूकें और तलवारें झलकारी की ओर ही लगी थीं। स्वयं झलकारी के हाथ में नंगी तलवार थी। किसी भी समय होनेवाली घटना से वह सावधान थी। दुश्मन का वार झेलने से पहले उसने वार करना सीखा था। वह घोड़े पर तनी हुई और सतर्क बैठी थी। दुल्हाजू स्वयं असमंजस में था। कहीं उसके कुछ बोलने से ह्यूरोज नाराज न हो जाए। एक-एक शब्द को तौलने जैसे अन्दाज में कहा था उसने, "सरकार, इसे मेंने रानी के पास कई बार देखा था।"

थोड़ा-बहुत समझते हुए ह्यूरोज ने फिर पूछा, "टो क्या यह भी गदर में शामिल हाय ?"

जैसे दुल्हाजू को बल मिला। खतरा टलने से आश्वस्त होने के पश्चात् उसने खुलकर कहा था, "हाँ सरकार, आप बजा फरमाते हैं। इसने तो उन्नाव फाटक पर सरकार के बहुत से सिपाहियों को मौत के घाट उतार दिया था।"

अब तक झलकारी ने आड़ में खड़े व्यक्ति को उसकी आवाज से पहचान लिया था। तभी उसकी नजर उसी व्यक्ति पर पड़ी। जो और कोई न होकर दुल्हाजू था। वह क्रोधवश ही घोड़े पर से कूदी। दुल्हाजू जैसे गद्दार को छावनी में देख उसका खून खौल उठा। उसकी ओर बढ़ते हुए वह गरज उठी, "अरे पापी तैं ठाकुर होके याई का करौ। तैं पैदा होतई मर कौ नई गयौ। रानी का नमक खाकर भी गद्दारी की।"

इस बीच तीन-चार गोरे सिपाही उसके सामने आ गए। दुल्हाजू डर के मारे पीछे हटा। वह झलकारी की हिम्मत और वीरता से अनभिज्ञ न था। तभी ह्यूरोज ने क्रोध में कहा, "टुम रानी नई हाय, टुम झलकारी हाय। हम टुमको गोली मार देगा।"

सुनकर तड़प उठी थी झलकारी। निर्भयता से वह फिर गरजी थी, "मार दैय गोली, मोखौं मौत से डर नई लगै।"

ह्यूरोज ने उसकी वीरता पर आश्चर्यचकित होते हुए पूछा, "टुमारे पास कोई हठियार हाय।" उसकी बात सुनकर पल भी गवाए बिना झलकारी ने अपनी चोली के भीतर से

कटार निकालकर दिखाई। जिसे देख ह्यूरोज पुनः बोला, ''इससे टुम किसको मारेगा।'' सुनकर फिर निर्भयता से बोली थी वह, ''जो भी हमाय इज्जत पर हाथ डारेगा।''

''यह पागल हाय,'' पास खड़े स्टुअर्ट ने कहा, तभी ह्यूरोज बोला था,

''नो स्टुअर्ट, अगर हिंडुस्टान की एक फीसडी लडकियाँ भी इस लडकी की टरह दीवानी हो गई, टो हम सबको यह डेश छोड भागना पडेगा।''

इस बार ह्यूरोज ने झलकारी से पूछा था, ''टुमको मौट से डर नाय लगटा हाय।'' सुनकर वैसे ही स्वर में झलकारी ने जवाब दिया था, ''नई जण्डैल, हम तो मौत को गले लगाई।''

झलकारी का जवाब ह्यूरोज को अजीब लगा था। कुछ समझ में आया और कुछ नहीं। वह बुदबुदाया था, ''मौट को गले लगाय।''

तभी पास खड़े हुए हिन्दुस्तानी सिपाहियों में से एक ने कहा था, ''हाँ सरकार मौत से यह नहीं डरती।'' थोड़ा मतलब समझकर ह्यूरोज ने कहा था। ''ऐसा हाय।''

ह्यूरोज उसकी वीरता से बहुत प्रसन्न हुआ और सैनिकों को उसे छोड़ देने का आदेश दिया।

झलकारी वापस बस्ती में आई तो किसी को विश्वास नहीं हुआ कि अंग्रेजों के बीच छावनी से वह जिन्दा वापस भी लौट सकती है। अधिकांश लोगों को खुशी हुई थी पर स्वयं झलकारी के भीतर द्वन्द्व था। उसे जीवित बचकर आने की कोई खुशी न थी। दुख था तो केवल यही कि जिस झाँसी की रक्षा करने के लिए वह महिलाओं की सेना की कमांडर बनी, कपड़े बुनना छोड़ उसने झाँसी की देशभक्त जनता को हथियार चलाना सिखाया। और वह अंग्रेजों के प्रभुत्व में चली गई थी।

इतिहास के इस मोड़ से उसकी जीवन धारा बिल्कुल ही बदल गई थी। उसने फिर से बिखरे हुए लोग-लुगाइन की सेना बनाई। झाँसी को अंग्रेजी सेना से आजाद कराना उसका उद्देश्य था।

●●●